漫談中國文化

企管・國學・金融

南懷瑾／講述

出版說明

二〇〇七年的下半季，南師懷瑾先生應幾方敦請舉行了三次演講，團體聽眾皆遠道前來太湖大學堂，這本書就是三次講演的記錄。

第一次在七月廿八、廿九兩日，是為北京大學光華管理學院的學員及北大校友所講，題目是「新舊文化的企業家反思」。

第二次在十一月十五日，中國人民大學國學院師生五十多人前來，另各界旁聽者，共一百廿餘人，南師講的題目是「國學與中國文化」。

第三次在十二月十五日，中國銀行業監督管理委員會的全國代表二百餘人，分由各地前來，南師的講題是「漫談中國文化與金融問題」。

這本書在大陸同時以簡體字印行出版，參與本書準備工作者有馬宏達、代興玲、烏慈親、宏忍師、張振熔等，或紀錄或打字或編整，或查對資料……皆係工餘之暇奮力協助者，在此特致感謝之意。

劉雨虹 記

二〇〇八年十月於廟港

目錄

第三堂

一 新舊文化的企業家反思

時間：二〇〇七年七月廿八、廿九日

聽眾：北京大學光華管理學院之學員及北大校友

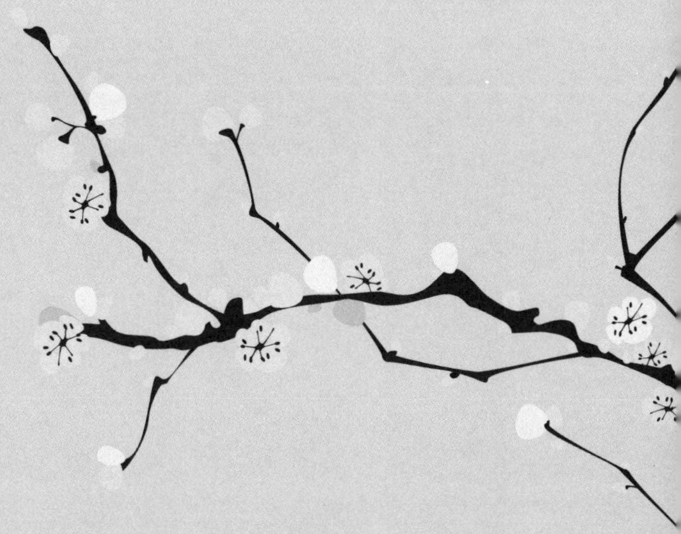

第一堂

／內容提要

緣起與感想
獎學金與助學金
所謂「經濟」
學問　知識　文化
歷史的重要性
政治與經濟的主輔
「管鮑之交」與做領袖的條件

張維迎院長：南老師、各位光華學院的朋友，今天我們以非常崇敬的心情來到太湖大學堂，聆聽南老師給我們講課。很多人看過南老師的書，能夠親身聽南老師講課是很特殊的經驗。光華管理學院這一次的活動，是想把中華民族優秀傳統文化的管理之道建立起來。南老師是光華教育基金會的理事長，我們這一次來聽講，是光華教育基金會的支持，南老師也一直對我們光華管理學院有很多的關心。

這一次的活動其實已經籌備了一年的時間，趙海英是我們光華管理學院的教授，由她找南老師講這一件事，南老師很高興的答應，我和海英兩個月前來過這裡拜訪南老師，討論這一次講課的內容。

接下來，大家心情放輕鬆，在這個非常神聖的地方聽南老師給我們講課，我們放掉腦內雜念來聽這個課。我希望大家今天和明天這兩個半天的時間，在我們人生的學習路上，留下非常難忘的懷念，使我們每個人得到昇華。下面我們就歡迎南老師來給我們講課。

南師：諸位先生，剛才張院長這一講，天氣又熱，聽得我毛骨悚然。孟子有兩句話，「不虞之譽，求全之毀」。「不虞之譽」，大家同我一樣活在這個世界上，想不到被人家恭維有許多的高帽子；「求全之毀」，別人對你要求很高，每個人手裡有把尺，不量自己，專門量別人，量別人作人對不對？事情做得好不好？都是對別人要求圓滿，這是求全之毀。為什麼我引用這兩句話？剛才張院長講話對我特別恭維，這個恭維很可怕的，因為大熱天，讓大家從那麼遠的地方，跑到這裡來受罪。不過既然是「光華」，你們光華一到，這個地方就蓬蓽生輝了。

現在，我要向大家報告關於這一次的研究，我不是講課，只是我年紀大了一點，跟大家做一個研討，不曉得你們大家的目的是什麼。我常常問年輕出國的同學要學什麼？他說企業管理。我說那落伍了，現在企業管理太多了，將來沒有地方給你管理了。等於說我們八、九十年前講經濟學很熱門，可是現在經濟學太多了。因此，張院長和趙海英博士來跟我商量時，我隨便取一個題目叫「新舊文化的企業家反思」。但是我對這個題目有很深的感想，尤其是最近我們國家的工商界，二十多年來發展到今天，我覺得是迷路了，長期的迷路，這是我個人的觀點。

我現在九十歲了，生命的經歷很多，這個國家大革命以後，經過北伐，我親自參加過抗戰，經歷過國內的變化，海內外大波浪之間，直到現在二十一世紀，我覺得有了問題。諸位都是全國企業界的菁英，那麼謙虛好學，這些問題使我想到中國古代禪宗的兩句話：「一片白雲橫谷口，幾多歸鳥盡迷巢」。我覺得這個時代，配合我們今天要研究的題目，這兩句話的意義非常深刻。

我們的國家社會，今天的發展非常繁榮，好像人人都前途無量，朝氣蓬勃。事實上，國家的經濟觀點與諸位企業家的觀點，都有「一片白雲橫谷口」的現象，不是黑雲哦！是很漂亮的白雲，可是把自己遮住了，一切都搞不清楚了。所以「一片白雲橫谷口，幾多歸鳥盡迷巢」，本來是自己的家，鳥要飛回來，可是因為被這片白雲遮住了，迷巢了。我深深地感到，這個時代有這麼一個現象。

由張院長剛才很客氣的這一番話，我先講了自己的感想。至於這一次講課的因緣也很奇怪。「光華教育基金會」是我一個老學生尹衍樑辦的，我是理事長，這是一九八九年建立的。到現在為止，這個「光華教育基金會」好像在三十幾個大學設立了獎勵基金，受獎的人大概有十萬多人。尹衍樑告訴我，總共花了幾千萬美金了。當年他創辦的時候沒有告訴我，有一次，他在我房間裡突然跟我說：「我聽懂了你的話，我去做了一件事」。那個時候是一九八九年，時間我記不得了，他從北京回來跟我講了這個事，成立了這個基金會，他說理事長是我。我就講他不對，萬事要徵求我的同意。他說這個是好事，我來不及跟你講，而且北京那邊不是你出面搞不好的。所以到現在我還是理事長，一個大學我也沒有去過，可是曉得做了好事，不過到現在我還責怪他。後來他又在北大辦了光華學院，好像浙江大學還有光華的法學院，都是他做的事。

我很抱歉到現在還沒有跟光華見面，第一次跟張院長見面也不是尹衍樑帶來的，是趙博士，所以我就答應了。關於獎學金，我做的事情常常是錯的，這個事情也是「一片白雲橫谷口，幾多歸鳥盡迷巢」的一個現象。我反對獎學金，那個是錦上添花，我贊成助學金，這纔是雪中送炭。

大家在這裡千萬心情要放鬆下來，不要認為是聽我講課，我平生一無所長，也沒有什麼真的學問，吹牛可以，倚老賣老罷了。譬如我剛才講「一片白雲橫谷口，幾多歸鳥盡迷巢」，國家開放發展二十幾年了，這個中間我看得眼花撩亂，也看到沒有計劃的發展，常常有一種感覺，像《桃花扇》裡面有兩句話：「眼看他起高樓，眼看他樓塌了」。這樣的故事，個人、公司、企業的，我看得太多了。如果拿我這個年齡看，由北伐到抗戰，到第二次世界大戰結束，到現在，國內外這種現象非常令人感慨，甚至於很悲痛，因此這一次我們要講「反思」。

我經常告訴一般國外回來的同學，你們叫「海歸」的這些朋友，我說：自己的文化要多了解。譬如研究經濟學、研究企業發展，有個前提，我們中國文化幾千年來是不用「經濟」這個翻譯名稱的，這個名稱是人家的二手貨。西方文化先到日本，日本人用中文在日本翻譯成「經濟」，可是日本本土不大用這個哦！現在用不用我不知道，你看日本講經濟叫「產經」，產業的經營。

中文「經濟」兩個字的觀念很大很大，是大政治，是「經綸天下，濟世救人」，這個叫經濟。我常常說我們中國人有一副對子，很有意思的，「文章西漢兩司馬，經濟南陽一臥龍」。這是我們小時候到處看到的，講文章推崇西漢兩個人，一個是寫《史記》的司馬遷，一個是大文學家司馬相如，他跟卓文君的故事，大家都知道。至於經綸天下，濟世救人，我們歷史推崇諸葛亮，所以說「經濟南陽一臥龍」，就是諸葛亮夠得上。

現在研究經濟，剛才提到「幾多歸鳥盡迷巢」，我覺得我們整個的國家、人民，包括諸位，都迷巢了，歸路不知道了。我們現在所講的經濟學，都是第一次工業革命以後外國人的經濟學。自己的經濟學在哪裡？同樣是人，尤其我們有五千年的文化，沒有經濟學嗎？可惜到現在我沒看到有人在研究，大家沒有反省。譬如現在我們經濟學走的路線，包括我講經濟學這個名稱的問題，都在跟著人家走。因為我是在野之身，同政治沒有關係，只是順便看看。我們在政策上這些做法，都沒有反觀自己的文化。其實今天國際上一切政治的發展，我們中國原來都有，只不過沒有那麼細密。

中國文化有部書叫「三禮」，大家都知道，這個「三禮」不是光講行禮、客氣的。「三禮」是三部書，一部是《周禮》，記載周朝統一天下以後所建立的一個政治體制。其實我們推翻滿清到現在只有九十六年，九十六年以前我們歷代的體制，都沒有跳出過《周禮》這個範圍，當然中間有很多變化。它的體制裡頭就有經濟，工商業都有，不過很簡單幾個字。可是周朝的政權維持了八百年，我們現代人不懂，叫它「封建」。「封建」兩個字有問題，因為中國的封建是分封建立諸侯，是聯邦政府一樣的，每個諸侯一省或一縣。相傳周朝一開始就分封八百、一千多個諸侯，一個縣裡的縣長就是侯，地方分治，聯邦的，由中央統治。它的制度，以及經濟，為什麼持續了八百年？你可以講人口少，地方大，沒有錯，這是一個理由；可是古今是一樣的人，為什麼周朝可以持續那麼久？我們現在講經濟，講商業，講工商都沒有反思，都沒有去反思自己古老的歷史經驗。

我們現在先講廣義的，講完了再把範圍縮小。這些都是大題目，可以做三十個博士論文的題目了。這是講《周禮》。另一部《儀禮》是社會制度，這個制度包括範圍很多。還有《禮記》，內容包括很多風俗習慣、作人做事的學問等等。

一個星期以前，我們這裡辦了一個兒童田園教育活動，辦了三個梯次，剛剛結束。所以昨天我還講這個心情，剛剛一塊石頭放下來。每一次來了七八十個小孩，還不准家長在旁邊陪，我也給孩子們講禮儀。這些孩子們十三四歲，能夠讀《資治通鑑》，能夠背很多古文，而且我們請的外國老師十幾個，美國、南非、紐西蘭、日本的，各地都有，還可以同步翻譯。這些孩子從六歲到十三四歲，可以跟外國人對話。可是我們心裡頭負擔很重，這樣熱的天氣，一個孩子出了問題怎麼辦？他們在家裡都是皇上啊！所以我叫這些孩子小祖宗，是中國未來的老祖宗，一個個都不能生病。還有給孩子們講《禮記》，他們看了前面一段就會背了。可是我發現一個毛病，這個毛病同老師、家長有關係，我發現孩子學問好，書讀多，傲慢了。這個很嚴重啊！本來我們十多年的推廣不只是讀經，大家都說我在推廣讀經，讀古書，不是的，是中、英、算一起來（中英文經典、珠心算）。最後我跟小祖宗們講，學問是學問，知識是知識，要學會文化。什麼叫做禮？這是文化，第一不要傲慢，不要看不起人；第二你們每個人要學會謀生的技術，做個水電工，乃至做個勞動的建築工人都可以。學問歸學問，職業歸職業，人品歸人品，千萬不要傲慢。還有孩子當場問我，他說書讀那麼多，可是有時候會忘記怎麼辦？我就告訴他，譬如你賺錢，賺來放在口袋不怕沒有用，要用的時候摸出來就是了。他說那我懂了。

現在我們回到「三禮」，「三禮」如果研究完，再加上《逸周書》《管子》等等，就基本曉得中國過去的政治經濟社會制度，乃至作人做事。可是這一切體制經驗我們已經忘了。假使沒有忘記的話，自己曉得有幾千年文化，這些東西拿出來，根據歷史的經驗，配合現在接受西方的經濟學，工商管理等等，那就很了不起，很偉大了。可是我們「幾多歸鳥盡迷巢」啊！找不到自己的路子走，這是一點。

第二，我們有五千年歷史，譬如我們經常提到二十六史。全世界的民族，保存自己國家民族的歷史最完整的只有中國人。譬如印度，歷史都沒有了，靠十七世紀以後的外國人幫他們整理。印度這樣大的國家，這樣大的民族，這樣深厚的文化，就是沒有歷史。你們不能拿美國來講，我在美國的時候給他們講笑話，你們的歷史兩百多年，我們有五千年，我說你們要給我們做文化的學生，做徒孫我都不要。講科技的話，我們叫你師父還可以。

我們小的時候是講二十五史，加上滿清三百年的歷史是二十六史，如果再加我們這一百年，就是二十七史。任何一個國民，如果自己不懂歷史，就不要談文化了，因為新舊的觀點無法對照。所以我也常提這個話：「觀今宜鑑古，無古不成今」，我們要想了解現在，了解未來，必須讀歷史，回頭去看過去的經驗。沒有古代哪有現代？沒有父母哪有兒女呢？沒有祖先哪有我們呢？可是我們現在迷了路。

張院長要我來討論「新舊文化的企業家反思」，你們諸位有沒有反思我不知道，張院長逼著我反思了。大家要做企業家，就要研究歷史的經驗。舉個例子，姜太公如何把周朝建立八百年，而且他封在齊國，現在所謂膠東，那時是最落後、最貧窮的地方。他八九十歲要一百歲了，到這個地方來做諸侯，怎麼把一個國家變成那麼富有？我也常告訴人，現在講經濟就談到香港、上海，我說上海過去了，未來的港口繁榮在舟山、洋山那一帶了。中國文化經濟商業的中心，春秋戰國時是在齊國的臨淄，現在山東淄博，比現在的上海、紐約還熱鬧哦！唐朝的時候在揚州，所以你們看古人的詩句「腰纏十萬貫，騎鶴上揚州」，唐朝經濟的中心在揚州。宋朝就不是了，宋朝的經濟中心在漳州、泉州。上海發達到現在最多一百年，以前是小鎮，原來歸吳淞道管的。今天經濟中心是上海，未來就不是上海了。這是經濟商業的必然趨勢，也是歷史。

再回過來講管仲的資料。在那個時候的臨淄，管仲輔佐春秋戰國最了不起的一個霸主齊桓公，管仲政策的一個關鍵，就是發展經濟。

這裡我要插過來，談到西方的文化思想，十七世紀以後認為解決一個國家乃至人類的問題，非靠經濟不可，以經濟來解決政治。中國幾千年文化剛好相反，經濟擺在第二位，有好的政治，經濟自然會好。

我們要真的研究工商企業的發展，要好好去研究管仲。管仲的歷史故事很多，我提醒大家注意他的兩句名言「倉廩實而知禮節，衣食足而知榮辱」，認為經濟非常重要，一個國家社會經濟不發展，人民不富有，文化就談不上。這兩句名言的內容很多，大家都知道這個名言，可是大家忘記管仲提倡的是什麼，不是經濟領先，而是政治文化領先。「倉廩實、衣食足」只是手段，好的政治可以自然達到倉廩實、衣食足。再譬如他的名言：「禮義廉恥，國之四維」，所謂四維，譬如房子的四個棟梁；「四維不張，國乃滅亡」，這四個柱子沒有搭好，文化沒有建立好，國家很危險了。禮義廉恥這四個字的內容太大了！你們做工商業發展，管仲也是做工商業出身的啊。

我們曉得歷史上有名的故事「管鮑之交」，管仲跟鮑叔牙兩個好朋友，知己之交。你要注意，一個人活在世界上，人生得一知己很難。譬如說父子、兄弟、夫妻關係，那只是這個關係；是不是我的知己，或了解自己的人？不一定。所以古人有句俗話：「人生得一知己，死而無憾」。歷史上講知己朋友，常提到管仲跟鮑叔牙，這個故事我想你們知道，不過我稍稍補充一下。

管仲跟鮑叔牙年輕時一起做生意，鮑叔牙有錢，管仲沒有錢，鮑叔牙出錢，管仲來做。分賬時，管仲自己拿的多，分給鮑叔牙很少，鮑叔牙沒有怨言。人家告訴他這個管仲亂來，是個流氓，你怎麼聽他的呢？你看每樣都佔你便宜。鮑叔牙說他比我窮嘛！沒有關係。

後來他們各輔佐一個王子，國家亂了，兩個王子往兩邊跑。管仲幫公子糾，鮑叔牙幫公子小白（就是後來的齊桓公），這個公子小白也是個小流氓。後來兩個王子為了回國接政權發生了戰爭，結果管仲他們失敗了，被抓起來。後來齊桓公上臺，鮑叔牙說要使我們國家強起來，非找管仲不可。齊桓公說：他在作戰的時候差一點打死我啊，他一箭射過來，剛好射到帶鉤（皮帶前面銅圈），我沒有死。這個傢伙！我恨不得殺了他。鮑叔牙說，你錯了，作戰在戰場上「各為其主」，你要治國家天下非找他不可。齊桓公這個人很特別，度量非常大，所以就把管仲弄回來了。因此人生要想成功，度量要大。後來管仲幫齊桓公「一匡天下，九合諸侯」，這個內容我不跟你們介紹了。他統一了整個中國，擁護中央政府，自己挾天子以令諸侯。

那麼，齊桓公把管仲接回來時，齊桓公問他，我這個人好色，喜歡女人，我可以做領袖嗎？管仲說沒有關係，你不要跟我說私人的問題。齊桓公說我還好貨，很愛錢，也喜歡玩古董字畫等等東西。管仲說沒有關係。他又說我好吃，齊桓公出名的好吃，他開玩笑說天下異味我皆嚐盡，天下好吃的東西我都吃過，唯一沒有吃過人肉。最愛拍馬屁的易牙聽見了，到了晚上一盤肉拿出來，齊桓公吃得非常有味道，問易牙「這是什麼肉啊？」「人肉，你說沒有吃過人肉。」「你亂來，哪裡來的人肉？」易牙說我殺了我的兒子。這個在歷史都是非常有名的，馬屁拍到這個程度，可是管仲在的時候他不敢亂來。所以齊桓公說自己好吃、好色、貪錢財、還好玩，高爾夫球啊！騎馬啊！打牌啊！一切亂玩，管仲說沒有關係。

齊桓公一聽，做領袖這些都沒有關係啊！我可以嗎？管仲說，絕對可以。那麼做領袖有什麼條件？管仲說，兩個條件：反應得快，決定得快，你可以。齊桓公一聽，這一點我倒會哦！做事反應非常快，決定非常快。管仲說你講的這四樣，個人的行為亂七八糟，這個不要談，可是真領導一個事業，要反應得快、決定得快才可以。那麼齊桓公一聽，好了，一切拜託你了。所以齊桓公稱管仲為「仲父」，跟叫老大哥或乾爹一樣。一切拜託你了，自己什麼都不管。

那麼他幫助齊桓公「一匡天下，九合諸侯」。到了管仲要死的時候，齊桓公問他，誰接你的位置做宰相啊？鮑叔牙好不好？管仲說：不行。你看兩個人那麼好的知己，那麼好的朋友，他這一輩子用鮑叔牙的錢，吃他的，用他的，最後自己要死了，國家總理這個位置，齊桓公說給他，管仲說不行，這是什麼知己啊！齊桓公問為什麼？管仲說，鮑叔牙是個正人君子，對於壞人壞事，他心裡容納不下，對於壞人壞事容納不下，就不能做宰相啊！宰相肚裡好撐船，他這個度量是絕對不可以的，會害了他。鮑叔牙因此更感激管仲，他是不能幹這個的。

我剛才囉嗦了半天，浪費了多少時間，就是解釋一句話「人生得一知己，死而無憾」。那麼這個還不是主題，我繞了一大圈，叫你研究企業家，研究中國經濟的發展，國家的經濟，社會的經濟，乃至建立國家的體制，乃至你們企業家的做法，你要研究《管子》。

我們先休息一下。

第二堂

／內容提要

國之四維
管仲相齊
呂不韋相秦
春秋大義
文景之治
發展的虛實
司馬遷和他的《史記》

剛才我們提到經濟、企業等等，以及反思自己的歷史經驗，叫大家注意管仲，為什麼在春秋戰國這個階段，齊國政治的成就、經濟的發展等等那麼成功？當然《管子》這本書也是很難懂的古文。中國自己所有的許多思想，許多的歷史經驗，在古文的書本上都有。因為我們學白話，學簡體字開始，自己的寶庫沒有鑰匙打不開了，非常可惜。大家只要花一兩個月的時間，努力一下，都可以做到的。

譬如剛才提到《管子》，《管子》的經濟發展，社會政治的成功，文化的建立，我重複一下他重要的名言「倉廩實而知禮節，衣食足而知榮辱」，以及對國家社會乃至個人最重要的四個字「禮義廉恥」，四個方向。你要知道，這個不是孔子的思想，孔子是他的後輩哦！孔子非常佩服管仲，所以孔子在《論語》上說，我們的國家，以前要是沒有管仲，我們後代就都變成野蠻人了，因為文化的建立是管仲。研究管仲要注意「禮義廉恥」，國家的四維，「四維不張，國乃滅亡」，文化沒有，國家就沒有了。我們現在的情況，只是偏重經濟同工商企業的發展。

我隨便抽一點資料來講，你看管仲死了以後，春秋到戰國歷史的變亂，為什麼叫春秋戰國呢？因為各個聯邦的國家都在亂，彼此都在兼併，像你們今天的工商界一樣，大公司吃小公司，有辦法的就把人家兼併了。這麼一個亂的時代，維持了兩三百年的時間，中央的政權還是周朝。我常常說，你們要了解，今天國際的情形就是一個春秋戰國的放大，這是真的，你們都了解了以後，就懂得中東美國是怎麼一個情形，完全是春秋戰國的放大。以我讀古書出身，也接觸了西方的文化，我自己也出過國，幾十年來始終認為，現在的世界就是春秋戰國的放大，這個前途可想而知。

管仲治理的齊國非常富有，管仲之後到了戰國時期，這時秦始皇還沒有統一中國。剛才發的資料第一頁，講齊國的富有到什麼程度呢？這是蘇秦遊說齊宣王連合抗秦這個階段，是蘇秦眼睛看到的臨淄。當時管仲所建立文化財經的軍國體制，已有三百多年了。

「臨淄甚富而實，其民無不吹竽鼓瑟，擊筑彈琴，鬥雞走犬，六博蹹踘者，臨淄之途，車轂擊，人肩摩，連衽成帷，舉袂成幕，揮汗成雨，家敦而富，志高而揚。」

這段形容當年臨淄的富有，這個文章古文很簡單，拿現在白話來寫，引用這幾句就有厚厚的一本了。蘇秦所看到的齊國首都臨淄富有極了，老百姓就是玩，等於每天高爾夫球啊，搖滾樂啊，卡拉OK啊，什麼三陪五陪都來了。「吹竽鼓瑟，擊筑彈琴」，就是玩樂。「鬥雞走犬」，鬥雞鬥狗，就是幹這種事情。「六博蹹踘」，就是賭博、踢球。尤其過去，像民國初年的交際應酬就是打麻將，在妓女館、青樓裡面。現在就是高爾夫球等等，都是一樣。你看「臨淄之途」，你們的首都裡頭，馬路上面，「車轂擊，人肩摩」，等於現在名牌的車子連起來的，「車如流水馬如龍」，街上人都擠不過來，走不通。「連衽成帷」，大家的衣服，女性的裙子一拉，前面都看不見了，「舉袂成幕」，他說手袖這麼一拉，把太陽都可以遮住。「揮汗成雨」，街上人太多了，汗水甩起來像下雨一樣。「家敦而富」，每家都非常殷實富有。「志高而揚」，如同我們現在工商界，社會發展了以後，你們志高而揚。不過呢，現在一般企業家雖然志高而揚，心裡頭是虛的，「幾多歸鳥盡迷巢」啊！

這是蘇秦當年看到的齊國首都經濟發展的情形。下面的文章我不講了，因為與今天的題目不相干。蘇秦說依你這樣富強的國家，是東邊的強國，還怕西邊的秦國嗎？你還向他靠攏，向他拍馬屁，真是太恥辱了。這一篇是蘇秦說齊國。

前幾十年有人拿季辛吉與蘇秦、張儀相比，我說那差太遠了，還夠不上。蘇秦、張儀這兩個窮書生，在春秋戰國時，一毛錢都沒有，而使全國安定三十年，身佩六國相印，等於說美國、英國的總理都是他。

再翻過來第二頁，這裡講的又不同了，《戰國策》這一段是引用韓國的歷史。那時的韓國是今天山西、河南的大部分。「臣聞一里之厚，而動千里之權者，地利也」，他說你韓國因為佔了地利，同齊國不同。齊國等於今天的美國一樣，太富有了。「萬人之眾而破三軍者，不意也」，他說不是你真的可以在國際上站得住，你是出其不意，偶然打了勝仗，不算數。

那麼剛才開始講到現在，講經濟的宏觀，同工商界企業的宏觀，必須要讀書，第一是研究管仲；第二，要研究呂不韋。

說秦始皇統一中國，到現在一般學者都是那麼講，可是你們沒有搞通歷史，因為統一中國是呂不韋幫秦始皇辦到的。秦始皇的宰相是李斯，是儒家荀子的學生，他的話秦始皇不過聽聽而已。為什麼秦國能夠統一中國？是用呂不韋的商業頭腦把六國統一了。雖然還有很多的原因，法治、經濟、政治、軍事、科學都在內。

呂不韋還有著作，雖然不是他寫的，是他請很多賓客寫的《呂氏春秋》。這部書包括了儒、道、墨、法、兵、農、縱橫、陰陽家等各家思想，是雜家。著作完成時，呂不韋把它在秦國公布，他說有人能增減一個字，獎賞千金。結果沒人說不對，當然有一點是政治的害怕。這套書留傳下來，書的內容我們不談，這個學問也很大。你們要研究，一個商人，怎麼樣用商業的頭腦，幫忙國家在國際上強大。

秦國統一以後，這個制度到現在，用了兩千多年了。他建立了一個統一的國家，廢除了諸侯，建立了三級制度，由中央政府到省、縣三級制度，這個體制一直延用到清朝。偶然在社會變亂的時候，中間加一個，譬如元朝加一個「道」，這是臨時用的，它還是三級制。我常常說，滿清是孤兒寡婦帶幾百萬人入關，統治了四萬萬的中國人，由政府到地方三級制，所有公務員不到兩三萬人。我不談政治，但這些都是與今天的話題有關的，所以我抽出這些資料，要大家注意一下。

回到我們的老話，我們中國文化認為，經濟的發展，工商業的發展，是靠政治來解決的。西方的觀點，是靠經濟、工商業來解決政治問題。這兩個是矛盾的，究竟哪一條路線是對的？到現在還是「幾多歸鳥盡迷巢」的階段。希望大家注意，因為諸位都是了不起的企業家，也都是學問家，這個觀點希望注意一下。

其次還有第二個重點，譬如說秦始皇統一了中國，這個統一的政體一直維持了兩千多年到現在，這不能說是秦始皇的功勞，這是中國文化的一個體制，我認為也是呂不韋商業思想的延伸。可是呂不韋最後怎麼死的呢？秦始皇寫一封信給他，逼他死，他就自殺了。這是非常有意思的事情，這些不屬於本題的範圍，我們不講。

秦朝以後漢朝建立，我們研究經濟同工商業的發展要注意了。大家都曉得漢朝的「文景之治」，漢文帝同他的兒子漢景帝的時代。漢文帝起來以後，是用「黃老之治」，這是一般歷史學家習慣的講法，他的政治思想不用儒家的孔孟之道，而是用老子、莊子道家的學說。那麼在這個時候他們是怎麼用的呢？要研究了，我只提個線索。

剛才提過，春秋戰國一直到秦始皇，我們的國家內戰，變亂兩三百年，所以孔子著《春秋》這一部歷史，記錄二三百年當中社會、政治、經濟、軍事、教育等等變化的現象，這個叫《春秋》。我們常常聽人家講什麼儒家的思想，孔孟的思想，中國文化儒家的精神。我就要問了，什麼是儒家的精神啊？什麼是中國文化啊？你簡單的告訴我一句兩句。都講不出來，都亂扯一通。

什麼是孔子的思想？孔子自己講的，他的重點、他的學問是在《春秋》。《春秋》是一部歷史。孔子自己講「知我者其惟春秋乎，罪我者其惟春秋乎」，後世的人了解我，曉得文化精神的目的，知道我畢生的心力用在《春秋》這部書上。如果有人罵我，應該也是由《春秋》這本書來的，「知我者其惟春秋乎，罪我者其惟春秋乎」。

歷史為什麼叫「春秋」呢？這同中國的文化有關了，中國的文化最初在世界上領先的是天文與數學。你研究人類史、世界史，我們上古的數學、天文是最發達的。研究了中國的天文學，就知道孔子著書為什麼把歷史叫「春秋」了。譬如現在是夏天，今天我們坐在這裡，因為開了冷氣舒服一點，外面熱得很，三伏天是最熱的時候。冬天最冷。春是清明前後二三月，秋是秋天八月十五前後，氣候最平等的，溫和的，不冷也不熱。夜裡同白天時間是對等，像我們現在是白天時間很長，夜裡短。夏至一陰生以後，白天慢慢縮短了，夜裡慢慢增長了，到了冬至一陽生又反過來，所以除了春秋二季，都是不平衡的。春秋兩季是平衡的，所以歷史叫「春秋」是這個意思。

孔子著《春秋》是反應這一個歷史的公平精神。一個人做生意也好，作皇帝也好，作普通人也好，做好事，做壞事，在歷史的公論中，是給你一個公平的論斷。

王安石就講不喜歡讀《春秋》，說這是一部濫賬本。這個話也有道理，我們讀歷史，歷史就是一堆濫賬，能夠做到公平的很少。

我們現在回過來說，歷史上記錄「文景之治」是用道家的精神來做事，這個時候由秦國到漢朝，天下也很亂，整個的社會在變動。漢朝建立的初期也很窮哦，社會並不富有。研究漢代的歷史，二十幾歲的漢文帝，是漢高祖姨太太生的孩子，不是呂后這個大太太生的，在中國傳統觀念上，是被人家看不起的。所以我們讀歷史很佩服漢文帝，他上臺當皇帝以後寫了兩封信就把中國的邊疆平定了。一封是寫給南方的南越王趙佗。趙佗是河北人，統治長江以南的廣東、廣西、湖南、江西、雲南、貴州等半個中國了。漢文帝是劉邦的兒子，趙佗是與劉邦同時起來革命的人，拿現在的話叫革命，老話是打天下。他已在整軍要北伐，準備統一中國了。漢文帝寫了一封信給他，他就不敢動了。所以我講漢文帝的兩封信就把中國平定了，另一封是給北方的匈奴。

他寫給南越王趙佗的第一句話「皇帝謹問南越王甚苦心勞意，朕高皇帝側室之子……」內容我們不講。他是個皇帝，中國的主人、老闆，寫這一封信，等於很客氣的講，趙伯伯，我算什麼！我不過是劉邦小老婆的兒子而已，這一句話就把對方打垮了。趙佗一看，劉邦有這樣的兒子，那不得了，他這個謙虛到了極點。然後他下面接著講，現在中央出問題了，他們把我找來當皇帝，我年紀又輕，什麼都不懂。你是老前輩，不過呢？你的家小，你的親屬還在河北，有一部份在山西，我統統叫人照顧好了，那麼國內的軍事怎麼布局，請你指教。趙佗準備起來當皇帝，半個中國在手上了，看了這一封信，馬上回一封信給他，跟他一樣客氣，「蠻夷大長老臣佗……」，他說南方沒有文化，自己只是蠻夷的大酋長，以前的一切都不談了，過去大家錯誤都不要講了。

我們現在不是講政治，重點是講「文景之治」的幾十年當中，把中國那麼貧窮的社會、政權，如何安定下來，而使經濟工商發達。歷史上只記錄他「節儉」兩個字。這兩個字，我們真正讀書，不要隨便看過去哦！以前我也做生意，當困難的時候，朋友來告訴我不要浪費，這些我當然懂，有錢時，要慢一點花，少一點花，叫作不要浪費。可那時候我根本一毛錢都沒有，怎麼叫不浪費啊！節儉也是這個道理，經濟發展到一個階段，個人也好，國家也好，要節制，不是說到處去弄錢來擴張，儘量的膨脹。這都是問題，問題的最後是「幾多歸鳥盡迷巢」，找不到路了。這是講到「文景之治」而引起的問題。

所以我們研究那個時候的經營發展，把這些歷史資料找出來，拿現在來對照，有很多有用的東西，不要光看從外國翻譯過來的經濟學啊，什麼工商發展啊，那是適合他們用的，到我們這裡不一定用得上。等於我常比方，我們吃米麵慣了的胃口，換吃牛排漢堡，有時候腸胃就不對了，這是同樣的道理。所以「文景之治」用道家的思想，以節儉為主，這個是經濟大問題了，我現在資料一下子都來不及給大家找出來。

因此我們回過來看，改革開放到現在二十幾年，從我所看到的就發現了很多的問題。我也常常告訴大家，幾十年以前，當我們這個社會國家經濟是一窮二白的時候，那個時候我在臺灣，尤其在國內叫什麼幾年荒亂，我都記不得了，只曉得可憐得不得了，大家男女穿一樣的衣服，那個時候的情形你們也許還知道一點，豬油都沒有。我們在海外，在臺灣，在香港，寄一罐豬油到國內來，不得了啦！很感謝了。像我們在臺灣，都有親屬在大陸，然後把舊的衣服洗好，燙平寄回來，他們都非常高興。不到兩三年，舊衣服不行了，要買新衣服寄了。再不到兩三年也不行了，要買腳踏車啊、冰箱啊，所謂的「三大件」。三大件以後不到幾年，慢慢有些朋友來送個金戒指，送個金鍊子不得了啦！再不到幾年，那個幾克拉的鑽石戒指都看不起了。這是到現在二十多年的發展。

這個發展你們認為很好，這個裡頭究竟是虛是實，大家有沒有研究？這是一個大問題。所以我們要反省檢討。現在都是講大的這一方面，大概提一下，我提一下的目的是要諸位回去多花一點時間讀歷史，很多的歷史經驗都是值得給大家做參考的。

第二個重點：我現在抽出來司馬遷《史記》上的〈貨殖列傳〉，不是全篇。諸位千萬注意〈貨殖列傳〉這一篇，你們到街上都可以買得到，《古文觀止》裡頭有。另外一份資料也是〈貨殖列傳〉，是另一本書上的，叫《史記菁華錄》。可是我給大家介紹的這兩個都還不全，都還不是司馬遷的原本〈貨殖列傳〉。我先把資料發給大家，我們大概做個研究，我想對大家很有幫助。

中國第一部最重要的歷史是孔子寫的《春秋》，第二部就是司馬遷寫的《史記》。《史記》是新的創作，後面都是跟著這個來的。一般人《史記》是沒有讀過幾篇的，全部把《史記》研究完的，正式學歷史的恐怕也沒有幾個人。此外就算把《史記》全部讀完了，司馬遷的思想，司馬遷的精神也很難弄懂，這個要特別注意。所以我常常告訴大家，司馬遷寫歷史，你們叫他歷史學家，錯了，他不是歷史學家，他是個歷史哲學家，他是歷史文化的一個大導師，他有很好的觀點。司馬遷的思想是什麼呢？重點是集成中國老莊道家文化的觀點來的，這是先介紹一下司馬遷。

我想你們諸位老闆發了財，都不愛讀書了，要多讀一點書，因為讀書有一點用處，比打高爾夫球啊，卡拉OK啊，好一點。

這篇〈貨殖列傳〉是關於經濟、工商業的發展。中國傳統的文化，儒家、道家都看不起工商業，看不起做生意的，只有司馬遷不同，他提出來工商業的問題。「貨殖」，你說為什麼不叫經濟呢？剛才我開頭就講經濟這個觀念翻譯的不對，他講「貨殖」，「貨」代表一切的物資，也包括今天的資本；「殖」是生利息，繁殖起來，等於種樹一樣，它會生長。

司馬遷著《史記》非常大膽，古人看不起商業，他卻提出來。司馬遷不只這樣，司馬遷的《史記》還寫了〈遊俠列傳〉，黑社會是大家看不起的，他卻特別提出來俠義道的重要，是黑社會值得注意的一面。還有做官的〈循吏列傳〉〈酷吏列傳〉，他把好官和壞官很明顯地分開，規規矩矩地把他們記下來，一點都不能逃過這個歷史。

所以剛才我們提到「文章西漢兩司馬」，一個就是司馬遷，文學、歷史他樣樣都很高明。但是他本身遭遇到最痛苦的事，受了腐刑變成不男不女了。原因是李陵投降了匈奴，他說李陵沒有罪，他在戰場上盡了力了，投降是不得已的，因此跟漢武帝鬧翻了。當然漢武帝非常氣憤，處以司馬遷腐刑，他心裡很埋怨。

可是他寫《史記》，對漢武帝也好，對漢武帝的祖先也好，一點都不客氣。漢武帝在世的時候看到了司馬遷的《史記》，可是很奇怪的，漢武帝有很大的度量，包容了。譬如司馬遷寫《史記》的創意，皇帝叫作「本紀」；皇帝以下宰相、諸侯叫作「世家」，譬如「孔子世家」、「蕭何世家」；一般的叫作「列傳」。可是他寫劉邦是「本紀」，同時寫項羽也是「本紀」。這兩個同時搶天下，項羽是一個失敗的英雄，假使項羽成功了，不叫作漢朝，也許叫作「楚」了。劉邦成功了，所以劉邦作皇帝，劉邦的傳記叫「本紀」，但項羽也叫「本紀」，這是司馬遷的特別。司馬遷以後的歷史學家，都不及他，對皇帝都是害怕的。司馬遷寫的這個書，漢武帝是看到的，寫他的祖宗，寫劉邦年輕的時候亂喝酒，會騙人，一塌糊塗，都是真的。司馬遷一點也沒有保留，都清清楚楚寫出來。

如果看《史記》只當小說看，不當真正的學問看，那你就不懂《史記》了。譬如我抽出來〈貨殖列傳〉這一篇貢獻諸位，剛才我講了，我沒有抽原本的《史記》，原本《史記》上的〈貨殖列傳〉還要更多。我想簡化一點，只抽要點，先抽《古文觀止》裡的，這裡頭夠你們吸收的了，營養很多。然後書架上隨便一抽，抽出《史記菁華錄》裡的這篇。全部《史記》的東西太多，還是利用這兩篇給大家先做研究。

時間到了，我們先休息一下，吃過飯再討論。

第三堂

／內容提要

一窮二白的發展經驗
政策的爭論
讀《史記》的竅門
政治哲學
史官的品格
六經皆史也
驕奢淫逸的風氣
經濟、政治的教育原則
誰夠得上儒商

我們晚飯以前講到，大家研究經濟，發展工商業，希望能夠回過來借用自己的歷史經驗；更要看清楚，我們這個國家民族存在五千年，不是容易的事。經過的變亂，像我們所謂「一窮二白」這個情形，過去有很多的經驗，究竟怎麼樣發展起來的？譬如我們剛才講到漢文帝的時候，大家都知道「文景之治」是靠「休養生息」這四個字。歷史上記載很簡單，可是我們讀書不要輕易把它看過去了，這四個字都認得，休息、培養，發展生產，繁殖。所以歷史上記載漢文帝上來「休養生息」四個字就解決了。這是古文同白話文不同，現在這四個字引申起來就是那麼厚一本書了。

我們曉得，春秋戰國下來，幾百年的諸侯戰亂，到秦始皇二三十年把國家統一，把秦始皇以前幾千年的體制改變，成了一統江山，廢除封建制，不再有諸侯的分封，地方不能自治，通通歸中央統一領導，變成中央、郡、縣三級制。古代的郡就是現在的省。所以漢代的時候太守二千石，就是省長的待遇是二千石的米糧實物發給，因為那時是農業經濟為主。郡以下就是縣了。

當時漢文帝接手的時候「休養生息」，不能打仗了。其實那時漢朝的天下很苦，錢沒有，社會貧窮，一窮二白，天下變亂，文化沒有建立。我們現在經常講文化教育，其實秦始皇以後，是到了漢武帝時才開始恢復中華文化的，離秦始皇已經八十多年了。

比如我們現在，舊的文化推翻了，推翻滿清到現在九十六年，現在大家都講文化，文化是個什麼東西啊？你看歷史上很明顯的一個例子，漢文帝起來的時候還管不到文化教育，他有一個最大的敵人，北方的匈奴。所以他一直要發展經濟，發展工商業，節儉，以充實國家的軍費，留給孫子漢武帝出兵。這是很痛苦的。

到漢武帝的時候經濟還是不夠的，打仗也是要錢，尤其那個時候匈奴侵略過來，趕不出去啊！那個時候重要的是騎兵，騎兵重要的是馬，中國人不太養馬，要湊錢買馬，所以讀這些歷史就懂了武器的重要。但是中國人製造那個鐵兵器容易斷，煉鋼技術不夠，到漢武帝的時候沒有辦法了，所以叫張騫出使到外國偷學這個技術。

漢武帝要用兵，這個時候不同了，是劉邦以後七八十年了，要發展經濟，擴充國力，建立文化，一個很大的任務。因此這個時期經濟思想有一個爭論，記錄在很有名的一本書《鹽鐵論》裡。《鹽鐵論》這本書論辯很多，是發展文化第一，還是生產經濟第一？就是說應該注重錢還是文化教育，這個論辯很厲害。當我們有《鹽鐵論》的時候，西方歐美的什麼《國富論》經濟思想，一點影子都沒有，談不上。可是我們漢朝的時候已經在討論，究竟是政治與經濟發展重要，還是其他的重要。也就是說，究竟儒家思想，道德人倫重要，還是鈔票重要。你們現在滿腦子都是鈔票、股票、期貨，就是這一套，這一套很容易迷糊自己。

那麼我們回過來，司馬遷寫這一篇〈貨殖列傳〉的時候，《鹽鐵論》的討論，發展經濟，發展工商，對我們一個國家民族的前途，它的利弊好壞究竟如何，那是個大問題。現在我們的發展，依我的觀點看來，也有些迷糊了，所以說「幾多歸鳥盡迷巢」。

剛才吃飯以前，我已經向大家報告了，我所引用的兩份資料都不是完整的，你們諸位做研究，最好把《史記》全部的〈貨殖列傳〉讀完。司馬遷的《史記》很難懂，並不是他的文字難懂。譬如他要罵某某人，在他傳記上講他好的一面，壞的一面不在他的傳記上寫，而是寫在相關人的傳記上，所以他的書很難懂。因此，司馬遷完成《史記》的時候，很傲慢的說「藏之名山，傳之其人」。好像說他的《史記》沒有人懂，只好把它放到山裡頭，挖個洞把它埋起來，「傳之其人」，將來會有人懂。實際上你看他罵人很有技巧，他說你們這一代人都是笨蛋，都看不懂，你們這些人沒有希望了，不要你們看，後面的人會看懂，所以叫「藏之名山，傳之其人」。

因此我告訴你們諸位老闆讀書，首先要讀〈貨殖列傳〉。我們這裡有一個老同學，李博士，當年在大學裡是學物理的，他常跟我提起，他說當年到我這裡是要修行的，結果我叫他讀〈貨殖列傳〉，他慢慢就走上工商業這條路，因為這篇文章對他影響很深，當然他同時也在研究身心修養。

我現在是陪你們諸位讀書，我讀古書的習慣跟你們不同。像你們在座諸位，每個人一看好像就懂了，一問你，讀過啊！懂了嗎？懂了。在我讀古書的經驗，你們讀書像水面上那一層油，油面以下的深度都不知道了。古文有很多內涵在裡頭。你看他寫書的時候距離我們兩千多年了，如果你把他讀懂了，就會發現同現在的思想，同國外來的經濟思想、理論、商業觀念，很多是相同的。

我們現在看他的原文。對不起啊，你們難得有一天坐在家裡看書，現代人都很少回到書房讀書。這一點我告訴你，我們小時候看到，中國古代讀書人，不管官多大，差不多有時間就回到書房的。你們看唱京戲的就看到了，那個男的回來，太太出來迎接，「老爺請！」「夫人請！」老爺先回到書房，不是回到臥房，不是先回去擁抱太太。回來好像不先進書房轉一下，那是沒得文化的。我們小時候是親眼看到的，不像現在，下班以後就出去應酬了，打球啊，吃飯啊。我說現在辦公的人，老闆們一天吃飯吃六七個鐘頭，沒有幾個鐘頭辦事的，三餐飯的應酬，再加打高爾夫球，每天都是這樣。

「老子曰：至治之極，鄰國相望，雞狗之聲相聞，民各甘其食，美其服，安其俗，樂其業，至老死不相往來」，這是重點了，我們講政治哲學，一個政治好的時候，在中國文化是「安居樂業」四個字。老百姓每個人平安活著，安居；樂業很難，那是要人人對前途沒有茫然，一個職業可以永恆的傳下來。

「必用此為務」，司馬遷是主張黃老的道家政治，所謂「無為之治」，等於現在講的真正的自由民主，不是西方鼓吹的那種自由民主。他說道家所指的上古那個時候是這樣。

「輓近世塗民耳目，則幾無行矣」，司馬遷感慨，我們現在中國的文化，道家推崇的社會看不見啊！「塗民耳目」，把大家的眼睛矇住了，「則幾無行矣」，沒有達到上古那個政治理想。

他的文章〈貨殖列傳〉，引用的是道家的思想。這一段他先插了一個標竿。我順便告訴大家，他寫文章不是拿來就寫，而是先把目標插在那裡。這兩句話，現在算不定國文老師要你劃掉，不要了，因為跟這個題目不相干嘛！這不是不相干，而是標竿，先插在這裡。

「太史公曰」，太史公是史官，司馬遷的父親也是太史公，「太史公曰」，就是史官的評論，讓你搞不清是他父親的話還是他的話，其實就是司馬遷自己的評論。古代作皇帝有兩個重要的史官，「左史記言，右史記行」。真正好的時代，皇帝旁邊兩個太史官不是祕書長，也不是祕書，也像祕書。他又管天文又管氣象，同時管記錄皇帝的言行。「左史記言」，皇帝今天講了一句什麼話，錯誤的也給你記下來。「右史記行」，你今天做了什麼事，也記下來。以前的史官很厲害的，隨時記錄，這是中國文化的特點，皇帝旁邊有史官，隨時紀錄皇帝的言行。

我們歷史上好幾個史官，皇帝叫他不要記這個，不行！那是我的職責所在。在春秋戰國（《左傳》：魯襄公二十五年）的齊國史官記載，「崔杼弒其君」，崔杼讓史官不要記，史官不肯，堅持要記。他說我是史官，對不對都要記，要殺就殺，結果被殺。史官的弟弟繼位，照樣記，再殺。他的第二個弟弟又來繼承史官，還要記，他就下不了手了。這是歷史上有名的。司馬遷的職業是太史公，管歷史的，也管天文。他父親管這個，他也管這個。他現在寫文章有個巧，自己要罵人，沒有說我要罵人，他說史官講的，或者我聽爸爸講的，其實是他自己要講。

「夫神農以前，吾不知已。至若詩書所述，虞夏以來」，這幾句話我們先停一下。上古的歷史文化，神農距離司馬遷一二千年了，上古由神農到軒轅黃帝，由黃帝、堯、舜、禹、殷商到周朝這一段，他說「吾不知已」，我的歷史資料不夠。

「至若詩書所述」，《詩經》《書經》都是歷史，我們諸位注意啊！什麼是中國文化？是四書五經嗎？什麼是四書五經呢？古人一句話「六經皆史也」，包括《詩經》《禮記》《書經》《易經》《樂經》《春秋》，包括《大學》《中庸》《論語》《孟子》等等，統統是歷史。這是讀中國書要注意的，我補充這一句。

「至若詩書所述」，《詩經》《禮記》《書經》《易經》《春秋》等五經傳下來，記載「虞夏以來」，就是虞舜、夏禹以來。到了舜的時候，我們中國發了大水災，大禹治好了水患，才建立農業立國的國家，我們現在說「華夏文化」，是以夏禹為代表。

下面我特別提醒大家注意。

「耳目欲極聲色之好，口欲窮芻豢之味，身安逸樂而心誇矜勢能之榮」，這個古文漂亮極了，我們以前讀書不是這樣讀，你們現在沒有看到過，叫唸書，出聲地朗讀吟誦出來，回到書房裡拿到書，每個文章有音韻，像唱歌：「耳目欲極……」（師示範），這個叫讀書，叫書聲朗朗然，會讀得很開心，記憶很深刻。像我小時候坐在書房裡，我父親悄悄從樓下上來，聽到我在唸書，不錯，然後告訴我「三更燈火五更雞，正是男兒立志時」，告訴我夜裡不要貪睡覺。古文照你們這樣一看，字都認得，不一定懂。司馬遷這個古文是朗誦的，如有一個平仄不對就換，而且內容很深。

他說我們的文化到夏朝以後「耳目欲極聲色之好」，每個人慾望很大，眼睛要看好看的東西，現在的電視啊，什麼東西啊，耳朵要聽好聽的音樂，嘴巴要吃好吃的東西。我們現在吃飯，好像每天過年一樣，以前我們過年偶爾殺個豬啊，或者是好久好久才殺個雞，不像現在這樣享受。現在每個人都貪圖「身安逸樂」，身體坐在那裡動都不想動，都要人家來服侍，放逸，放鬆了，自己要享受，身體是這樣。心裡頭呢？「誇矜勢能之榮」，我是大老闆，然後格老子我最大。「心誇」，自己愛吹，「矜」是驕傲，「勢能」，有錢就有勢力，有地位就有能量，以這個為光榮。他說人貪圖虛榮，所以大家讀書每個字要讀清楚。

「使俗之漸民久矣」，他說這個社會的風氣變成這樣奢侈、驕傲，不是一天來的，是慢慢變來的。

「雖戶說以眇論，終不能化」，他說因此你到每家、每個人前面勸他，雖然你有錢了，發財了，你要謙虛。這是沒有用的啊！「終不能化」，教育不是這樣，改變不了的。

那麼下面講一個政治的原則了。

「故善者因之，其次利道之，其次教誨之，其次整齊之，最下者與之爭」。這幾句話就是經濟的、政治的教育原則，所以作領導人，一個國家的領導人，「善者因之」，上等的就因勢利導，像那個水流一樣，流下來的時候你不能擋，你只好將就它那個力量，慢慢疏導出去。所以講管理，你要按這個原則去做。「善者因之」，知道他的原因，使他轉過來。

其次呢，差一等的就「利道之」，等於我們騎在驢子的背上，驢子不肯走，拿個竹竿，前面吊個紅蘿蔔，驢子要吃紅蘿蔔永遠向前面跑，這個是「利道之」，用一個好的利益擺在前面，給他一個目標走，這是第二等。

第三等，教誨他，好像剛才我跟一個年輕朋友談話，也是做大事的。我說：你的公司怎麼樣？他說好像軍事管理，我就笑了。現在講管理軍事化，越管理越不好，這是「教誨之」。

再其次「整齊之」，什麼叫組織，搞組織？現在搞管理的都亂搞，以我看你的管理都不行，因為你管理不好自己，這樣的管理要完了，就是「其次整齊之」。

最下等的政治、經濟管理「與之爭」，與民爭利了。公家跟私人企業爭利，或者上下交爭利，那就完了。

對不起啊！我現在是陪你們讀書，幫你們讀書，讀書的方法是這樣，要朗誦，叫大家全體朗誦，可是大家做不到。你們現在包括孩子的教育，只是看書。我的習慣到現在不肯用筆記，一聽就用腦子記。你們現在是筆記啊！要不然就是電腦啊！你電腦壞了，你就什麼都不知道了。

這一段我們大概介紹一下，如果把《史記》整個拿出來，這裡頭的好東西很多很多。我們暫時換一個稿子，換《史記菁華錄》這一篇，翻過來第二頁。這個《史記菁華錄》的編輯不同，都是抽要點。剛才我提到經濟政治，工商的發展，姜太公、管仲、呂不韋等。像漢武帝的時候，兩個商人左右了漢武帝的政治經濟發展，一個叫桑弘羊，一個叫卜式，都是商人做官哦。《鹽鐵論》的爭執就是這個時候，這些事情司馬遷當然知道，因此他寫〈貨殖列傳〉。

那麼真正講〈貨殖列傳〉，商人了不起，你們現在喜歡講「儒商」，儒是讀書人。你們諸位「儒商」，至少要去拿個學位，貼在那裡要好看一點。真正的儒商歷史上沒有幾個，一個是孔子的學生子貢，儒商的代表是他。第二個是范蠡。

子貢是儒商，子貢在孔子三千弟子裡是做生意的，學問好，能外交，又有錢。孔子三千弟子裡有土匪，有流氓，有作官的，各種各樣的人都有。又有錢，書又讀得好的是子貢，你們做儒商就要學他了。這個我們今天來不及講，那是非常精彩的。

孔子死了以後的墳墓在山東曲阜，是子貢決定的。當時看風水選了一個地，子貢說不行，這塊地不好，只能埋葬一個帝王，沒有資格埋葬我們的老師，我們老師是萬世師表。結果那一塊地後來葬了漢高祖。子貢把孔子埋葬了以後，同學們都走開了，他一個人廬墓三年，自己蓋一個小房子，在老師孔子的墳墓旁邊守了三年才走。孔子在的時候，很多的事情，用的錢都是他在支持的。因為子貢會做生意，歷史上給他四個字評語「億則屢中」，這個億不是說他鈔票有多少億哦！這個「億」代表他的思想沒有一件事情看不懂，「億則屢中」，判斷事情很正確。所以研究儒商子貢是非常精彩的，時間來不及，我們回過來再講〈貨殖列傳〉。

這一段他提出來的是范蠡，陶朱公。不是全的哦！不過假使你們讀《史記》，關於陶朱公的研究，你看了這一段認為懂了陶朱公，不行的哦！因為那只是一小段！范蠡的一生，包括越王勾踐，有關國際政治的，是在另外一篇傳記。因為司馬遷要寫〈貨殖列傳〉，做生意發財，與經濟有關的，他引用了范蠡，我們讀一下。

「范蠡既雪會稽之恥」，就是越王勾踐把吳國打垮了這件事。「乃喟然而歎曰：計然之策七，越用其五而得意，既已施於國，吾欲用之家」。這是范蠡成功了以後，自己感嘆的話。范蠡跟誰學的？范蠡的老師叫計然子，道家的人。他說老師傳給我的學問乃至方法等等，有七套本事，我只用了五套就撥亂反正，使越國起來稱霸，用在政治經濟上成功了。既然一個快要完了的國家，我可以用這個方法，用老師這一套學問把它扶起來，他說現在我留一點自己用用。他輔佐越王用了一大半，另外一小半他自己玩去了。不是去玩，是成功後離開越王，開始另一個人生局面。

這裡面有人生的大道理，他幫助越王成功了，然後他要走時告訴文種，他說離開吧，「越王為人長頸鳥喙，可與共患難，不可與共樂」。人生要認識一個老闆，這個老闆創業的時候，跟他做伙計蠻好，到成功的時候完了，他不能做老闆。所以講越王勾踐「可與共患難，不可與共樂」，因此講「飛鳥盡，良弓藏。狡兔死，走狗烹」，非走不可，所以范蠡溜走了。那麼司馬遷寫〈貨殖列傳〉，這一段不用在這裡，所以我剛才告訴你，你要研究難了，還要到《史記》裡其他地方去找資料出來才完整，現在只講他做生意這一面。

「乃乘扁舟浮於江湖，變名易姓，適齊為鴟夷子皮，之陶，為朱公」，范蠡走了，地位不要，功名富貴一概不要。那麼歷史上傳說他帶西施走了，我還說笑話，范蠡帶著西施往哪裡走？就在我們這個太湖那一道堤上，在那裡上船走的。人家說：老師啊，你根據什麼？我說根據我說的，這是說笑話。可是這裡講走得很輕鬆，一葉扁舟離開了。「變名易姓」不叫范蠡了，自己姓名都不要了，到齊國他的名字外號叫鴟夷子皮，到山東陶這個地方叫朱公。

「朱公以為，陶，天下之中，諸侯四通，貨物所交易也」，他開始做生意了。剛才我提到山東的臨淄，在春秋戰國的這個階段等於現在的上海，是貨物、交通、財政的中心。

「乃治產積居，與時逐而不責於人」，在這裡做生意，開公司了。這一句話你們要注意，諸位都是領導，「與時逐」，跟著時代，觀察這個時代的變化，不論做什麼，或者是股票，或者是期貨，或者是投資生產，看清時勢、機會，「而不責於人」，對下面很寬大。換句話，如果搞錯了，不怨人家，自己負責任，所以古文有時候一句話好幾個解釋，這是要了解的，也要學他的修養。

「故善治生者，能擇人而任時」，注意！你們講管理學，要發財，第一難是用人，所以這裡也提到「故善治生者」，做很好的生意，乃至做其他事業，「能擇人而任時」，總要找到一個可信任的人才，選擇人才以後，兩個字「任時」，這一個人在某一個地區，某一個事情上可以幹個三年五年；假使要另外發展，就不是他的能力了。讀古書每一個地方你都要注意。

「十九年之中，三致千金，再分散與貧交疏昆弟，此所謂富好行其德者也」，這一段如果像我們讀書，就要朗誦了，唱歌一樣唱出來。文章是很美，聲調也很好，他說他這樣做「十九年之中，三致千金」，古代的千金就是幾億或者多少，這個價值很難比了。總之是很多很多，白手成家，三次成功，然後分散不要了。所以我鼓勵你們看韓國的「商道」，也是這個精神，一毛錢沒有，結果做到紅頂商人，最後自己死的時候，身上只剩下二十塊錢，他走的是陶朱公這個路線。陶朱公十九年當中三聚三散，不是失敗哦，而是自己到了最高峰，一手把它用掉。我常常說等於梁武帝「天下自我得之，自我失之」，我賺來的錢，我自己把它花光了，到另外一個地方再來，他自己有本領，看得很準。「三致千金，再分散與貧交疏昆弟」，每次都分給窮人，統統分散了。司馬遷在這裡提到，像他這樣做法，「此所謂富好行其德者也」。我常與一般同學們講，我說你這個公司多少人？我們有幾個同學，公司員工是好幾萬人，我說你要好好做，現在一個職員跟著你，五口之家靠他吃飯，你有一萬人，就有五萬人等你吃飯，你垮了，這五萬人吃飯都成問題。所以做生意，你不要認為只是做生意，而是在做一件好事，這樣你就學到一點陶朱公的精神了。

「後年衰老而聽子孫，子孫修業而息之，遂至巨萬。故言富者皆稱陶朱公。」所以中國文化幾千年以來，講到富有就提到陶朱公。這篇文章不只提一個人哦！還有什麼巴寡婦，巴寡婦是四川人，有銅礦。你看秦始皇那麼了不起的人，與一個有錢的寡婦見面，四川那個時候到長安都是走路，秦始皇為她修了一條馬路，跟她來見面。當然我想這個錢秦始皇出一點，其他的都是巴寡婦出的錢。〈貨殖列傳〉裡面，每一個故事都告訴你管理的道理。

因為時間的關係，我想明天留一點時間大家討論，我心裡想告訴大家的話很多，只是時間來不及。他這裡講這一個例子，我們讀書就要提問題了，他為什麼這裡先提了范蠡？是做個榜樣，發財和作人的榜樣。

我們把講義翻過來，他中間提了很多怎麼樣做生意發財，怎麼致富的，不一定專指做生意，乃至作人，怎麼幫忙社會國家，我剛才講話你們不要聽錯了。

第四堂／內容提要

賢愚不肖皆愛財
書讀百遍　其義自現
財產與人格
財富的無常與無情
財富與文化、道德
欲望的極限

〈貨殖列傳〉裡頭，怎麼致富的，他說了一些要點，經典中的名言很多。我想給大家講的也很多，你看紅筆劃的那麼多，都很重要，希望你們大家能夠吸收，能夠了解。我現在為了爭取時間，只好簡單的講。這一段他就講一切人都是求利的。

「由此觀之，賢人深謀於廊廟」，這個賢人是講讀書的，有知識，有道德，有學問的，去搞政治。「論議朝廷」，管理國家的政治，「守信死節」，他說這些管政治的人，論議朝廷，必須要做到人品「守信死節」，守住信用，人品建立。「死節」，至死不變，為了名節的問題，寧可守窮，這就是人格的建立。「隱居巖穴之士，設為名高者安歸乎」，一般人都是為名利，都是想賺錢。他說至於有些人看不起名，看不起利，學問很好，做隱士或者修道去了，名利對他們不起作用，那他們的人生目標是什麼啊？他提出來一個問題。「歸於富厚也」，結果呢，這個他就罵人了，說有些自己表示清高的人，最後還是向錢看。

譬如我們提到齊國當年的首都臨淄，孟子、荀子、一般科學家、修道的、煉丹的，都到齊國去了。你們看那個階段，那個山東臨淄比現在上海、香港鬧熱得多了，天下的人才都會集在那裡，都向那裡跑，為什麼？因為那個地方有錢。

下面這一段很精彩，把軍人、各式各樣的人都講了。「是以廉吏久，久更富，廉賈歸富。富者，人之情性所不學而俱欲者也」，為什麼要錢，要富有？世界上只有富有最誘惑人，人類天生的性情是要錢，不用教他，個個都向錢走，向富有走。

「故壯士在軍，攻城先登，陷陣卻敵，斬將搴旗，前蒙矢石，不避湯火之難者，為重賞使也」，當兵的去拚命，打仗的時候衝到最前面去，為了升官，為了發財，他說不是為了利嗎？這是一段。

「其在閭巷少年，攻剽椎埋，劫人作姦，掘冢鑄幣，任俠并兼，借交報仇，篡逐幽隱，不避法禁，走死地如騖，其實皆為財用耳」。這個包括很多了，「閭巷少年」，一般年輕人。「攻剽」，就是現在搶劫之類，少年特別多，各地都有。「劫人作姦」，搶劫或者強姦，或者盜墓，挖人家的墳墓，或者做假鈔票，還有替人家做保鑣拚命，或私家偵探，甚至一切犯法的事情都幹。「走死地如鶩」，他們自己曉得這樣做犯法，會被槍斃，但還是拚著命去做，為什麼？其實都還是為了錢。

「今夫趙女鄭姬，設形容，揳鳴琴，揄長袂」，這些都是文章文學的好東西，古人寫文章所謂「煉字」，每個字都是黃金打造的一樣，深思熟慮。「躡利屣，目挑心招」，這四個字更滑稽了，他講女性出來做這個事，譬如說眼睛一瞟，就勾搭上了，「心招」你來吧！心裡想的就是一個錢。「出不遠千里」，千里迢迢都要跑來，乃至農村出來的跑到都市，打扮得漂亮去賺錢。「不擇老少者」，不管你是什麼人，只要有錢。「奔厚富也」，都是為了錢，這是講女的方面，你看古今社會是一樣的。

「游閒公子，飾冠劍，連車騎，亦為富貴容也」，你們這些老闆們，少爺們，小姐們，或者大官的少爺公子們，名牌的車子，名牌的服飾，他是為「富貴容」，表示炫耀，還是為了錢。

「弋射漁獵」，打漁的，打獵的，「犯晨夜」，半夜就起來工作。「冒霜雪，馳阬谷」，很危險的地方都去。「不避猛獸之害，為得味也」，為了好吃，大家喜歡新鮮的野味，他們就做這種事。

「博戲馳逐，鬥雞走狗」，賭錢的，開賭場的。「作色相矜」，男女打扮得很漂亮，在那裡亂搞。「必爭勝者，重失負也」，都想成功，都怕輸，不想失敗。

再來是做醫生的，高價錢給人家看病，「醫方諸食技術之人，焦神極能，為重糈也」，為了吃飯，也是為了錢。

還有做公務員的，「吏士舞文弄法，刻章偽書」，寫假公文，假的證據，「不避刀鋸之誅者，沒於賂遺也」，不怕犯法，不怕坐牢，不怕槍斃而貪污受賄，也是為了錢。

「農工商賈畜長，固求富益貨也」，各行各業，大家統統為了要錢，使自己富有。

「此有知盡能索耳，終不餘力而讓財矣」，他說所有這些人，都不遠千里萬里，拚了命，都是為了錢。

這一段講的，目的是什麼？告訴你，大家都向錢看。這又是為什麼？中間你自己去研究，跳過來下一頁。

「今有無秩祿之奉，爵邑之入，而樂與之比者，命曰素封」，這是個問題，你看《聊齋誌異》，常碰到「素封之子」，「素封」是從這裡來的。什麼叫「素封」呢？一般人白手起家，也沒有家庭的背景，等到富有了，變得像一個王爺一樣。所以我常常說，怪不得大家要錢，我說我一輩子功名、富貴、權力，什麼都玩過，然後我再看這些人真有意思。「封」等於封侯拜相，有封地或爵位。可是有了錢還沒有辦法封侯啊，但是你有了錢，好像那個地位跟他們是一樣，因為有錢，你的身份就高了，「素封」是這樣一個東西。素就是白紙一樣，封就是封爵封地。再轉到下面看：

「是以無財作力，少有鬥智，既饒爭時，此其大經也」，所以錢財是那麼誘惑人的東西，司馬遷這一篇文章讀完了，你差不多懂了人生。不過你只讀一次兩次不行的哦，要讀好多次才可能懂。我讀《史記》的經驗告訴你，當年抗戰的時候，我在成都，那裡有個很有名的學者，前清最後一榜的榜眼商衍鎏先生，我也拜他為師。有一天我問他，老師啊，你們當年考進士是怎麼考的？他說：你怎麼問這個？我說：那我的文章如果參與考試怎麼樣？他說：應該可以。我心裡想，原來那麼容易啊！可是真講讀書很難，每個字都要很用心，這是一件事。

後來我問袁老師，袁老師說：聽說你向商老師問當年考進士。我說：我看前清這些舉人、進士的文章差不多，我認為很平常。袁老師把鬍子一抹，瞪我一眼，他說：你書讀過很多，《史記》當然很熟，有一篇〈伯夷叔齊列傳〉你讀幾遍？我說兩三遍，可是好句子都會背啊！袁老師說：不行！你要懂得寫文章，把〈伯夷列傳〉讀一百遍，再來跟我講話。我一聽很不服氣，可是他是我的老師，當年跟老師是這樣講：是！不講話了，只答應是。回來很不服氣，再拿《史記》出來讀一讀。哎唷！我發現是有問題！當年認為讀懂的，現在好像沒有看到的地方很多啊！再來。哎唷！越看越有問題，最後真聽老師的話讀一百遍，然後來跟老師說。他一看說：你不要說了，你懂了。所以，讀書做學問真難！我現在提出來請你們注意。

所以他說「是以無財作力」，沒有錢，只出勞力，有時候人自己有自卑感，「少有鬥智」，自己腦筋不肯用了。「既饒爭時，此其大經也」，自己有辦法以後，自己腦筋會出來。

「今治生不待危身取給，則賢人勉焉」，這些話都很重要，現在一般人為了謀生「不待危身取給」，危險的事情敢去做，「則賢人勉焉」，所以一般人是勉勵他，人生要建立自己謀生的職業，不要隨便求人。自己會謀生了，可以建立獨立人格了，這個要特別特別注意！

「是故本富為上，末富次之，姦富最下」，富人分三種，「本富為上」，當然天生的福報好最好，父母有田地，有財產，最好。我常說，假使父母留下來多少千億的財產，然後由自己亂花，我說那個才好，那個是本富。「末富次之」，辛苦賺來的，自己白手成象的其次。「姦富最下」，非法的致富是最下等的。

「無巖處奇士之行，而長貧賤好語仁義，亦足羞也」。但是整個的社會繁榮起來，譬如讀書「無巖處奇士之行」，沒有超然獨立的精神，要跳出三界外，不在五行中，出家修道，或者是離開一切人事，處在山林裡頭，或者在城市裡獨居，孤苦伶仃，自己去修行。沒有這樣獨立的人格與品行，而又靠人家拿錢生活的，永遠是可憐的人，永遠是貧賤的人。而這些人卻又喜歡講學問，講理論，講道德。他說那跟有錢人一比也是太羞恥了。他並不是讚成有錢哦！也不是讚成跳出現實的人生哦！這個你要去想一想了。

「凡編戶之民，富相什則卑下之，伯則畏憚之，千則役，萬則僕，物之理也」。「編戶之民」是普通人，他看到有地位、有錢的人好像有自卑感，這是人格上的問題了。「伯則畏憚之」，看到人家有錢會怕的，窮人怕富人，願意給富人打工做事拿點薪水。他又說如果遇到更有錢的人，自己願意作他的僕人。交一個有錢的朋友，自己臉都爭光了。他說這個社會的人情都是「物之理也」，人人都有這種心理。

下面他一層一層地告訴你，「夫用貧求富」，一個窮人由白手起家到富有。「農不如工」，我們講經濟學的基礎是農業經濟，第二個是工業經濟，第三個才是商業經濟。現在買股票、期貨的人，那是第五六層的經濟了，已經不是經濟了。所以買股票、期貨，我叫它是虛無經濟，買空賣空，說是支持實業生產，實際上很多是在擾亂實業生產，最後說不定又歸於空，這個另外討論。

他這裡告訴你，「夫用貧求富，農不如工」，「工不如商」，這是司馬遷的觀點。「刺繡文不如倚市門」，這個很難聽了，講女性的。做手工繡花賣給人家，還不如半開門戶，招一些男的，一下就賺來了。

「此言末富」，當然這樣的富有是白手起家的「末富」。可是人都要錢，「貧者之資也」，窮了沒有辦法，只好走上這一條路。

「由此觀之，富無經業，則貨無常主，能者輻湊，不肖者瓦解」。〈貨殖列傳〉這幾句話千萬記住！我看司馬遷的人生學問都在這裡。「富無經業」，怎麼樣發財沒有一定的，也沒有長久的，哪一行，哪一業也不一定，最後是靠你自己的智慧，不能說哪一行對，或者可以一直發達下去。

第二「貨無常主」，財富不會永遠屬於你的。我也常常告訴大家，財富是個什麼東西？拿哲學道理講，尤其是佛學的道理講，財富屬於你的所用，不是你的所有。你一生再多的錢，只有臨時支配的使用權，並不是你的所有，而且只有你用到的、真用得對的，才是有效的，否則都不是的。

我們從媽媽肚子裡出來，兩手空空的，最後還是兩手空空的走。孩子生下來，這個手就是握著，大指頭放在裡面。人一輩子都是抓，光著屁股來，什麼都抓，到死的時候放了，這就是人生。

所以我常常給大家講，有一個經濟學你們沒有看過，釋迦牟尼佛的經濟學。釋迦牟尼佛他講一個原理，他說這個錢啊，你只有五分之一的臨時支配權，有五分之四不屬於你的，財富多的也一樣。他說第一份要給政府；第二份是盜賊的，騙你、搶你的，偷你的錢；第三份屬於你的疾病；第四份屬於你的家人、兄弟、朋友。除了這個以外，你只剩下五分之一。這五分之一，還並非你的所有，只是你臨時可以支配使用而已。我說他的經濟學最高了，其實那五分之一也要自己真正用了，而且用對了，才是有效的。又有一說，世間財物，為五眾所共用，「王、賊、水、火、惡子」。

這裡司馬遷沒有講得這麼深刻，但是他講「富無經業，貨無常主」，要注意，不會永遠屬於你的。所以中國古人說：「富不過三代」。依我這八九十年的經驗來看，三代都不會，富不過二代的很多。一下子就變了，沒有了。所以「能者輻湊」，有能力的就賺來，其實不僅僅是靠能力或勞苦，還要其他很多因素湊攏來的，像車子的輪子一樣，一條一條的輻條湊攏來的。「不肖者瓦解」，能力不夠了，或者其他條件不行了，一下就沒有了。「千金之家，比一都之君；巨萬者，乃與王者同樂。豈所謂素封者邪？非也？」司馬遷在這裡講，他說有千金財產的人，「比一都之君」，好像與地方首長平起平坐。達到百萬，現在不是百萬了，就是你們講的多少個億。他說達到這個，「乃與王者同樂」，他的享受比部長、省長乃至國家領導人都好。「豈所謂素封者邪？非也？」他說這個並不需要祖傳的，是靠自己努力來做到的。

那麼我們再翻一下這一本的資料，最後一頁，「故曰：倉廩實而知禮節，衣食足而知榮辱，禮生於有而廢於無」。這個「禮」包括很多，所以管子的經濟政治從這裡開始，經濟不建立好，這個社會講文化就沒有基礎；反過來講，文化沒有基礎，這個經濟社會發展就是個病態，「禮生於有而廢於無」。

「故君子富，好行其德」，所以講文化的修養，品德好的人富有了，會做好事，做功德。「小人富，以適其力」，沒有修養的人發財了，就用到享樂上，或者做壞事去了，或者繼續再投資，為了錢而賺錢。至於怎麼樣用錢才好，根本不懂。

所以，「淵深而魚生之，山深而獸往之，人富而仁義附焉」，這三句是重點的話。水很深時，可養很多的魚；山很深時，裡頭有很多的動物；人富有時，要養仁，講仁義道德等等。不是說人富有了自然會有仁義道德，那是要提醒自己反省自己，要修養才會有的。

「富者得勢益彰，失勢則客無所之，以而不樂」，所以呢，樹倒猢猻散，猴子是為了桃子才來的。不是只有財富吸引人，道德學問的富有，也會吸引人來學習歸附。「富者得勢益彰」，富有了，得到勢力，有機會更發展。「失勢則客無所之」，你倒楣了，朋友也沒有了。所以你的朋友很多，要考慮考慮是你的道德關係，還是你財富的關係，自己要反省。

「諺曰：千金之子，不死於市，此非空言也」，從前的諺語說：有錢家庭的孩子，不會死在路上，總是有人招呼的。沒有人招呼，算不定就死在那裡。

「故曰：天下熙熙，皆為利來。天下壤壤，皆為利往」，這是司馬遷的名言。

「夫千乘之主，萬家之侯，百室之君，尚猶患貧，而況匹夫編戶之民乎！」他有一個結論，誰都怕窮，可是反過來看，人究竟富有到什麼程度才滿足？看了這幾句話，你可以答覆，人永遠不滿足。「千乘之主」是皇帝，「萬家之侯」是諸侯，「百室之君」是地方的首長。他說每個人，不管官多大、錢多少，隨時仍覺得不夠。依我的經驗，我常常告訴同學們，人生啊！永遠感覺缺一間房間，身上永遠感覺缺一塊錢，所以「千乘之主，萬家之侯，百室之君，尚猶患貧」那樣有權力的人，自己還感覺不夠，不滿足。「而況匹夫編戶之民乎」！所以一般人的慾望是不會滿足的。這是司馬遷在這一段的結論。

我們今天所講的，給大家討論貢獻的，先提這個頭，到明天我們再研究本題「新舊文化的企業家反思」。不過今天已經反思很多了，不曉得我講的有沒有重點，因為我講得很亂，怕大家搞不清楚，明天我們再討論。

第五堂
／內容提要

微言大義
文化的基礎在文學
經史合參
企業　實業　事業
六個突然
新舊企業家
管理學的歷史
訪問日本

今天再一次向各位抱歉，那麼熱的天跑到這裡來，聽老頭子亂講話騙你們。我這一次是亂七八糟的講，不過我相信諸位會慢慢地吸收消化，其中的意義很多，時間太短，講不清楚，只能大概做個交代。尤其是關於〈貨殖列傳〉，我再強調一次，我們手邊拿到的資料，是不齊全的，要研究正式《史記》上全部的〈貨殖列傳〉。

司馬遷的文章，在那個時代寫的，他避開政治的迫害，就是說還是擔心漢武帝的。可是他不管政權與帝王，一個學者尤其是歷史學的學者，要公平，所以他寫的文章很難看懂，有時候把要點放到每個傳記上去了，常常一兩個字包含意義很深很深。所以寫文章、寫歷史、作《春秋》，有四個字「微言大義」，有一句不相干的話，或者兩三個不相干的字，都不要放過。那個微言，輕輕的點你一下，中間包含的意思非常多，這叫微言大義。

我常說要講文化的基礎，國家民族的文化基礎在文學。文學就是這麼的巧妙。外國人講我們過去是詩人的國家，從秦漢一直到滿清被推翻這個階段，詩人特別多，每個都會做詩。做詩很簡單，二十幾個字，但內涵非常多。這是詩詞跟文學的社會基礎。

我們這一代，我也常常說，很多人寫詩，有舊詩有白話詩。有時人家當面問：老師啊！我寫了詩給您看，請批評。我說好好好。我常說我那個「好好好」是靠不住的，沒辦法，那詩寫得實在不好，可人家當面拿給你，你能說寫得不好嗎？只好說「好好好」，那個聲音是不同的。現在倒是黃段子裡頭有很多好的文學，真的啊！很多文學好得很。但是呢，講這些笑話就很令人遺憾了。中國人的文學天才都很高，卻用到這個上面去了。鄉下有的老百姓，他文學的天才非常高，隨便講一句話，沒有經過修飾就變成普通的黃段子啊什麼的。如果把這幾十年亂七八糟的搜羅下來，又是未來的一部《詩經》。孔子整理《詩經》是搜羅當年這些東西啊！「關關雎鳩，在河之洲」，男女講戀愛的，嚴格講起來，「關關雎鳩，在河之洲，窈窕淑女，君子好逑」，還不是你講的「三圍多漂亮，想得我要命了」這類的話，可是經過文學的整理就不同了。所以講這一代，我們很遺憾的，沒有代表這一代一百年來真正的文學。

講黃段子，我也常告訴大家，當年趙元任和劉半農，語言學家，清華、北大的名教授，他們合作的這首歌全部歌詞我不記得，年輕時都會唱，「教我如何不想她」，好句子！那真是好文學，真是好句子！所以文學是文化的基礎。

現在我們沒有多的時間討論這些，就是告訴大家〈貨殖列傳〉的文學是微言大義。我把這個題目給大家，你們回去起碼要原文讀過好多遍，對於今後國家民族的經濟、工商，包括個人前途該怎麼走，這是個重點，很值得研究。這是對昨天下午和晚上講的課做了個交代。

雖然做交代了，我的內心很抱歉，沒有辦法長時間一點一滴地給諸位貢獻，只提出來哪些重要，沒有向諸位講清楚，時間來不及。

我們今天就轉一個方向，這次的本題是「新舊文化的企業家反思」。反思就是自己要多想想，多反省。我們昨天講的是先開個頭，這個開頭還有一點沒有告訴大家，就是昨天只提到從古代到春秋戰國到漢代為止，漢以後呢？唐宋元明清每一朝代幾百年，每朝的經濟政策怎麼樣？財政金融政策怎麼樣發展？

你不要看這是歷史上古人的事，如果你讀懂了歷史，拿現在來看呢，有時完全一樣，只是版面不同，形態不同而已。所以我對一般研究學問有個建議，就是經史合參。必須要懂自己國家的歷史，歷史是人生的經驗。四書五經等等，是哲學的重點。光是懂那些原理，不懂歷史，不將人生、社會、國家整個的經驗融合，那個學問是沒有用的，那只是空洞的理論。講得再好聽，沒有時間的經驗來證明，是沒有用的。這個話也是補充昨天所說的話。

今天，針對這次的主題，把範圍縮小一點；換句話說，就是我們現在這一代，企業家個人應該怎麼發展的問題。今天把題目縮小到這裡。

對不起，我這裡首先向大家抱歉，不曉得我最近在哪一次演講中提過，因為有人提到現代企業家，我當時就否認，我說我們中國這一代沒有企業家！我說哪裡有企業家！

譬如說這個「企」字，怎麼解釋？依中國文化來講，文化的基礎在文學，文學的基礎在文字。中國人現在連繁體字都不懂，來個簡體字，不倫不類的。

說起簡體字，我們當年帶兵的時候，這一講是七八十年了，差不多以我當年講，我十九歲就出來帶土匪兵了，我們當年是「好鐵不打釘，好男不當兵」，當兵的都是文盲。那個時候沒有電話，傳達命令靠傳令兵，不大認識字的，叫他用口語傳令。譬如說，在當年喊一聲「傳令兵！」他就站在前面立正了，「你去告訴光華學院的張院長……，講給我聽！」，「司令叫我去告訴光華學院的張院長……」，「嗯！對了！」你告訴他這樣這樣，要他背三次。「去！跑步！」他拚命跑去，一路上還念著這幾句，那個是傳令兵。

告訴傳令兵說，你到對方的那個衛兵傳達消息，再跑回來。那時候沒有電話，送一封信，信上打一個記號，一個＋字可以慢跑，兩個＋字，快跑；三個＋字，拚命跑，要最快。衛兵的那個衛字，傳令兵不認識，你就畫給他看：一個旗幟下面畫一橫，表示有一個旗幟插在那裡就是衛兵的崗位。現在的衛生的衛是這樣寫的「卫」。簡體字很多是這樣來的。

要懂中國文化，先要把繁體字搞好。中國字本來沒什麼繁體簡體，中國字體有正草隸篆，現在所謂簡體字有些是從草書體來的。譬如我們過去寫草書天下為公的「為」字，一點，然後這麼一轉就行了，這個變成現在的簡體字「为」。

現在我們不是講文學，是講到本題的「企業家」，我為什麼說現在沒有企業家？先說中國字這個「企」，「人」字下面一個「止」或者一個「足」，為什麼這樣寫？一個人站在那裡，踮起腳向遠方望，遠遠的看，眼光放遠，準備做一件事影響後代，影響未來，這叫企望，不是希望。企望是看得遠，看得深，看得大。「企業」是我們要做一番事業，有遠大的目標，對國家社會有五十年、百年以上的貢獻，決定一百年後社會國家的發展，這叫企業。

另一個是「實業」，實業也是我們這一代的文化，這是滿清末期，以日本的明治維新做榜樣，以康有為、梁啟超做代表，希望滿清政府走維新的路線，進行現代化，做一點實際的事，就是實業。因此才出現「實業家」這個名稱，很少用「企業家」。

另外一個名稱「事業」。我們經常聽到現在人碰面問，你老兄做什麼事業？譬如我們陳老兄吧，人家說他是航空的創辦人、老闆，這是他的事業。事業跟實業、企業有差別。譬如航空公司，是實業嗎？不是，航空業是個事業，真正的航空實業是發明及製造飛機，這個大事業叫做實業，實在的。這個是企業、事業同實業的差別。

如果真正講「事業」，有些同學常問我，中國文化「事業」兩個字出處在什麼地方？是我們文化裡頭很早的一部書叫《易經》，講八卦、陰陽。《易經》裡面，孔子解釋過這個「事業」，什麼叫事業？「舉而措之天下之民，謂之事業」。這個話我演講上課講了很多次了，一個人一輩子做的事，舉，就是舉動、行為，要做的事業，「措之天下之民」，使老百姓人民社會得到利益，得到安定，這個叫做事業。不是說你做生意，開個公司，就是我的事業。以文化邏輯來講，你那樣講就錯了。

所以根據這個話來講事業，事業太難了。譬如中國有一個人做了大事業，就是大禹治水。因為他出來把中國的水利治好了，奠定中國農業經濟的基礎，使我們國家穩定發展幾千年，這都是靠水利的發展，所以大禹真做了事業。堯舜禹這三代對於國家民族的貢獻，至少到現在乃至到未來，都沒有辦法否定。

所以上次我在上海國家會計學院演講，說到大禹的功業建立了會計制度。你們講會計事業，以為是西方來的，不是的，中國幾千年前就有。大禹治水以後，召集天下的諸侯在浙江紹興的茅山，會稽天下，做了個總結統計，把國家治理好，水利搞好了，把國家分為九州，因此茅山改名為會稽山。會稽就是會計，大禹最後死在會稽山。

那麼，講到這次和張院長商定的這個小題目，講到企業、實業、事業，中國的實業家是什麼時候開始的？滿清末年。那個時候講實業，有個口號叫「實業救國」四個字，什麼人提出來的？江蘇南通張謇，他是清朝最後一個狀元。所以這一帶在那時就注重實業的影響。因為中國受鴉片戰爭以後種種的破壞，發現外國「船堅炮利」，武器厲害，輪船堅固，我們用的是木船，火炮也不行，那個時候還沒有飛機呢，我們這個東方的大國被人家搞得已經吃不住了！鴉片戰爭以來，有西方的侵略，日本的侵略，這個日子很不好過的，打得一塌糊塗。那麼大家反省，等於現在人要開放發展，所以先提倡實業。那個時候的實業家是先做紡織廠，這個紡織實業你們大家要注意研究了，紡織業與西方文化第一次工業革命很有關係。現在我們的紡織業在國際上還跟不上，實際上古代是我們領先的。

把話拉回來，否則又要講實業的歷史了。回到我們這二三十年的發展。講起這個，我就想起來告訴大家，我希望你們在座的老闆們去買一本書，香港的中華書局出了一本書，叫做《中國十大商幫》，我看了很驚訝，咦！這個香港中華書局做了件了不起的事。這本書值得你們諸位參考。

由滿清末年起到現在，我們這一百年中，工商界企業家也好，銀行家也好，沒有一個真正成功站起來的；而且一直到現在，所有人都是「一片白雲橫谷口，幾多歸鳥盡迷巢」。究竟是什麼道理？我也再三考慮，再三研究過，就是我們這個國家社會，受時代影響變化，遇到很多出人意料之外的機會，偶然的，或者說突然的劇變，導致重重迷惑。

譬如說，第一個突然，滿清後期，我們國家政治文化搞得那麼亂，孫中山先生領導推翻了滿清。中國歷史上的經驗，把一個舊的政權推翻，都是打天下來的；打天下必須要軍事力量配合政治力量，歷朝歷代唐宋元明清都是如此，只有這一代不同，是孫中山吹牛吹出來的。他沒有一塊錢，沒有一個兵，到處演講三民主義，亂七八糟吹，想不到這個吹會吹成功了，一下機會碰到了，滿清退位，變成中華民國。幾千年的體制與文化，突然巨變，讓你不知道怎麼辦才好。

可是孫中山領導的國民黨有準備的，理想是「三民主義」，政治體制是「五權憲法」，也有「建國大綱」、「建國方略」，想好了如何建設這個國家。那時候「建國方略」提出，最重要是先發展建設鐵路等等。他也願意不作總統，自己下來，每天趴在地上，在地圖上畫，把中國怎麼怎麼建好，包括全國的鐵路。可是他得天下太偶然了，因此後來北洋軍閥又起來，中間的歷史故事很多。這是第一個偶然。中國人沒有方向了，幾多歸鳥盡迷巢，太突然來的機會。

第二個突然呢，後來北伐，北伐沒有打一年，黃埔同學起來，配合地方部隊，不到一年，張學良在東北一變轉投南京中央，一下就統一了，又是偶然一個機會，勝利來得都太偶然了，措手不及就搞不好，瘋了，這個國家又亂了。

剛剛準備上軌道了，第三個突然，日本人動手了，日本人不能讓中國統一，統一不得了！於是就發動七七事變。而史達林也不願日本人勝利，再北上攻擊蘇聯，因此在西安事變中保住了蔣介石。日本人原來預算是三個月把中國打垮，他們有甲午戰爭等等的經驗。

我們是學軍事出身，現在在軍事學上可以得出一個結論，什麼《孫子兵法》十三篇、《六韜》《三略》，歷代的軍事著作都沒有說到的一點，沒有說到「拖」！你們注意啊，做事業也是一樣道理，日本人準備三個月打垮中國，他估計得沒有錯。日本人打香港的時候準備打三年，結果呢，香港三天就拿下來了，因為英國人不能打。日本人打中國人想三個月成功，結果被中國一拖拖了八年，八年抗戰！戰線拖得那麼長，時間也那麼長，沒有想到。

那麼這個八年當中，我們一定會打勝仗嗎？像我們身在大後方，當時參與的，現在講老實話，當時後方有兩派：一派是抗戰到底；一派是汪精衛他們那個「低調俱樂部」，他們認為一定打不過的，一定亡國，所以汪精衛他們的思想是早一點投降，另外想辦法，再慢慢弄回來。結果呢！想不到八年之後日本突然投降了。這個突然投降，這個勝利來得是太突然了！等於我們這個富有的老家庭，被打得七零八落的，嘿！北邊漏雨，南邊出太陽，不曉得怎麼辦好！好了，一夜之間，被突然來的勝利沖昏了頭。原來中央軍校培養的都是戰爭人才，沒有培養建設國家的人才，根本沒有想到那麼快就勝利了，怎麼接收？怎麼建設？毫無準備。

我為什麼給你們講這些呢？跟你們做企業有關係。好了，這個歷史階段我們不多講了。

第四個突然，抗戰勝利後是內戰，幾年當中，共產黨統治全國，你想國民黨幾百萬部隊搞了多少年，結果八個月當中兵敗如山倒，最好的裝備七八個月光光，統統被共產黨接收。沒有思想準備，也沒有整體的國家建設計劃，臨時很匆忙，又是一個突然。

第五個突然，五十年代以後，十幾年當中，全國上下，一窮二白，穿一樣的衣服，享受平均的基本住房、醫療、教育，達到均貧，滿好的機會！結果突然發動大躍進，跟著文化大革命，突然改變了，又是劇變。

第六個，好了，這一下回到我們開放發展的初期，到現在不到三十年，也是一個突然，突然改革開放。你們諸位，以我的眼光看你們都是小朋友，最多不會到六十歲，你們很多是一二十歲大學畢業或者高中畢業，突然撞到這個機會，弄兩個錢，一下就發起來了，也是突然。我現在講歷史的經驗，講的都是事實，要詳細研究，每個都是大學的博士論文。你們發展到現在，好像都是大實業家，突然的。

當我在美國的時候，二十幾年前，年份我記不得了，還是胡耀邦先生、趙紫陽先生階段，我在美國看到，喲！一下子看到電視上中央領導出來，衣服換了，穿西裝打紅領帶，我說完了完了！我當時開口大叫完了！開放發展是好事，可是要關著門十五年以後再慢慢開放，十五年當中，大家男女穿一樣的衣服，全國人民豐衣足食以後，慢慢的開放一點，就不會那麼匆忙。現在突然一下，男的是西裝紅領帶，女的是抹上口紅，掛上皮包，穿上高跟鞋。我說完了！太早了！太快了！茫然！

我講的這個都是事實哦！這一茫然，茫然了二三十年。就看到你們這些所謂的大資本家大老闆，突然一下起來了，是這個浪頭、機會給你的，不是你的本事。對不起啊，我講直話，客觀的講，是機會給你的，不是自己的本事。

那麼這裡頭我想起兩句詩，古人有兩句詩給做官的朋友：「浮沉宦海如鷗鳥」，很好的文學名句，「生死書叢似蠹魚」。像我們是第二種，一輩子喜歡研究學問讀書，變成書蟲了，蠹魚就是書蟲，吃書的那個蟲。浮沉宦海如鷗鳥，講做官的，一下高升，一下又下放，一下又上去，你看鄧小平有三起三落，浮沉宦海如鷗鳥，像海浪上面那個鳥，跟著浪一高，那個鳥飛到浪頂上，浪一落下，鳥也降下來，一下又浮上來。我把這兩句古詩改一個字，為你們改，你們現在是浮沉「商」海如鷗鳥，有時候發財了，有些人我看到他發財，看到他垮了，看到他又起來了，看到他又垮了，浮沉商海如鷗鳥啊！第二句話「生死書叢似蠹魚」是另外讀書人的事，你們雖然現在還在讀書，我還不承認你們能夠是生死書叢似蠹魚。生死書叢似蠹魚，是專門搞學問，不想出來做事，也不管自己窮不窮，都不管。所以我說你們是做事的，因此回到我和張院長決定的這個題目。

這下你們要反思，我所看到中國老輩子的、殷實的、富有的商人，與你們不同。

你們不要受一本書的騙，《紅頂商人胡雪巖》，不要受這個書的騙，胡雪巖是左宗棠鬧出來的事，是左宗棠培養的，偶然玩玩。左宗棠需要錢用，因為左宗棠的做法很是不同，他需要錢做出一番軍事事業來，他必須要培養胡雪巖這個商人。

如果要看紅頂商人，你們去看一部電影，是真的韓國的歷史，就是有名的《商道》，那個韓國人是真正的紅頂商人，值得你們做參考的。

老一輩做企業的，是離不開管仲講的「禮義廉恥，國之四維」的，他們自己在內心建立這個文化的基礎。文化不是讀書哦！譬如我們在座的老同學陳某，他處處打我的招牌，是我的老學生，要他的公司每人要讀我的書，這個也還不是文化基礎。我所以當年跟他講，要學當年四川民生公司的盧作孚，那是另外一套作風。

現在我們話說回來，企業也要反思了，企業的基礎在文化。那麼過去的殷實的企業家，非常勤懇，樸實，節省。我眼睛裡從小看到的，老一輩的企業家出來，不像現在的人。我所看到現代的許多企業家，一來一看，哦！我說你是新發展的企業家，穿的衣服，夾克、皮帶都是名牌，一身珠光寶氣，一看就是暴發戶。手上帶著名錶，那個氣焰好像很不同，把天下事看得輕而易舉。不是這回事！

老輩子的企業家，我所看到的老輩子的朋友，安徽、武漢這兩個地方，清末民初老牌的企業家非常有錢，一看到完全是個鄉巴佬，衣服穿得樸樸實實，坐在那裡規規矩矩。

我在臺灣時，譬如我們那個老同學李傳洪的父親，一個老的殷實商人，他那麼有錢，永遠樸樸實實，生活很簡單節省，對人很厚道。平時手臂上掛個菜籃，菜籃上面放著報紙，他報紙下面都是鈔票，臺灣銀行他還是董事哦。到了銀行門口，警衛不讓他進來，不曉得他是老闆，他也沒有生氣，警衛不讓進來，他從後門溜進去。後門進去了，除了鈔票，在報紙下面還有很多糖果，看到服務生小姐，喂！你吃塊這個。這是老輩子企業家，沒有耍那些花招，沒有做怪，沒有穿奇裝異服，這叫殷實的企業家。後來還是電力公司的董事，有很多很多的實業。

現在我看到年輕的朋友們發財了，非常繁華。我是個老書呆子，不過我本來也做過生意，這些我都玩過，看到都很好笑。這是修養的態度方面。現在我說沒有真正的企業，都在投機！尤其是玩股票、期貨，幾乎完全是投機。現在報紙上寫得也對，叫泡沫經濟、虛擬經濟，我們要反思的！

因此，由新舊的企業家，就講到管理學。張院長帶領你們研究管理學，美國管理協會在我們這裡是老同學李博士做代表，你們都知道的管理學大師彼得·聖吉，他常常來，過一個月還要來。世界上講管理學的經驗，我看到才四十年。昨天還有一位小朋友要到美國留學，我跟他講不要學管理學、經濟學，那都過去了，不是跟著時代走的。

管理學最開始流傳過來時，在臺灣大學忽然成立了家政系，那個時候不叫管理系，剛剛萌芽，是二次大戰以後日本開始的。日本影響美國，美國再影響歐洲乃至中國。先講工商界的復興，戰後的復興，先要準備管理。臺灣開始的翻譯叫家政系，我一看大學裡有最新的科系叫家政系，我也不懂家政兩個字，我問是幹什麼？要這些男人去做飯管廚房嗎？怎麼管家政？同學們就說：哎呀！老師呀，你到底是……這個家政系在外面是很偉大的啊，等於是中國的總務，管一切事。後來家政系不到兩三年又變了，擴大了，叫行政管理系，大學也跟著時髦。行政管理系又慢慢變成管理系、管理學院。全中國、全世界都在管理，不曉得是你管理我，還是我管理你，誰管理誰呀！

我說真講管理，你看二次大戰後日本的復興，講管理就要注意日本。

日本投降後，一九六九年，日本邀請臺灣中國文化訪問團到日本考察。當時臺灣的政治界、學者，三十幾人組成訪問團，團長是何應欽上將，他當年是接受日本人投降的代表。有一天，他請我去吃飯，我說老總，什麼事啊？他說，日本邀請我們做文化訪問，要我做團長，我想要你來。我說，哎唷，不行不行，日本人向你手裡投降的，不是向我手裡投降的。他說，不行哦！幾十位名教授都去了，我看你必定要跟我走一趟。我說，我代表什麼？我不代表國民黨哦。他說你放心，沒有這個事。我說，我也不代表政府。他說，不會不會，你的個性我知道，不麻煩你，你做顧問，特別顧問。我說好，跟你去玩玩，跟日本人打了那麼久，我去看看。

一到外國，我都是穿長袍的，帶個手杖。因為中國人沒有自己國家的衣服，老是穿人家的衣服，我不甘願。長袍還是滿洲人的衣服，還算是中國人的了。到了日本很有趣，碰到一位名教授，木下彪，他中國詩作得很好，我們坐在一起，他不會講中國話，我不會講日本話，兩個人拿到筆，都用中國古文筆談。我說，你們打敗了投降。他說是，不過不是向你們投降。我說，那怎麼講？他說，我們是向兩個中國古人投降的，一個是蘇武，一個是屈原。我說什麼意思啊？他說，開始你們打不過的，後來蘇聯的空軍來幫忙你，蘇武，蘇聯的武器；第二，屈服在美國的原子彈下面，屈原。他的意思是，不是向你們中國投降的。

我說你們要感謝感謝蔣老頭子，不要你們賠償，投降的兵不殺，還全體送回來，他的政策是以德報怨。「報怨以德」是老子的思想，孔子的思想是「以直報怨」。這個恩德太大了，所以我送蔣老頭子死後的一幅輓聯「東方感德一完人」，中國人不一定感謝你，日本人應該感謝你。這位木下彪說：你不滿意蔣委員長的政策？我說不是不滿意，對你們太寬大，如果當年假使我當家，才不那麼做呢！他問：先生，意欲如何？假使你做國家領袖，你怎麼辦？

我說，很簡單，你們日本人想中國，從明朝開始起，一直到現在，這一次大戰已經是第七八次了。你們就是想中國嘛！明朝開始，你們想把日本的首都擺在寧波，韓國的漢城作陪都。假使我做領袖，你們不是想中國嗎？你們投降後，我把你們所有兵、所有老百姓，通通接過來，分散到中國各地；然後我派蘇州兩三個縣的人到日本，幫你們看守日本。他一聽，說好在你不是中國的領袖，否則從此日本沒有了，就是一切完蛋了！

這是講到管理，順便亂扯，說到這個歷史。先休息吧。

第六堂

／內容提要

自我管理

誡子書

唯大英雄能本色

管理自己的性與情

最大的管理學

我講話好囉嗦，亂七八糟扯到這裡，趕快要剎車。重點是為什麼要講到日本這一段，因為講到企業管理。

第二次世界大戰以後，日本在這個情況之下要復興，這個在我們國內的名稱叫復員，一切要復員，重新恢復，美國也在復員，日本也在復員。當年我到日本去看的時候，感慨很大。那是戰後二十幾年了，我在臺灣和何應欽他們一路，代表文化團訪問日本，在東京街上看到很多斷腿斷手的，可是日本的社會秩序，看了令人心驚膽戰。我告訴何應欽，有問題……

他們戰後馬上復員，把軍事管理用到工商業去，從外表就可以看到，工廠、商業，全體用軍事管理。這個風氣，慢慢影響到美國的管理。譬如我舉兩個小例子，時間短來不及多講，講個人管理的修養，我在日本感慨很多。我們在日本的三島，不像一般人的訪問，我們連鄉下統統看，走遍了。譬如鄉下小的水果攤，每個水果都擦得乾乾淨淨的，每個商人都很有禮貌，很敬業，不是特別對我們，而是儒家的文化還遺留在他們那裡。所以，我感想非常多。

再比如說，我當時帶了兩個大箱子，茶葉呀這些禮物，有時要交換送人，在火車站轉另一個火車，兩個大皮箱是在臺灣買的。對不起，那個皮箱大概是我們溫州人做的，皮箱這樣喀嗒斷了！我穿著長袍，手裡提兩個皮箱，要過天橋，過火車站，痛苦啊！怎麼辦？剛好五點鐘放學了，看到日本的中學生，穿著那個學生服，戴著帽子過來。我也不會講日本話，把手一招，那個學生過來，看到我這個樣子，兩個皮箱在地上，他馬上立正、行禮。我用中國話跟他講，我說到前面火車站，拿不動了，我比劃著，你幫我揹到前面去好不好？他行個禮，他也聽不懂中國話，但是他懂了我的意思，叫我在後面跟著他走，到了前面火車站。我非常感激這個中學生啊，就拿出來美鈔二十塊在手裡，等他一放下箱子，我遞給他。他擺擺手不要，行個禮向後轉，走了。這下我弄傻了，我回頭告訴何應欽，我說：「敬公啊，看來，還有一次戰爭！日本不可以輕視，這個國民同我們不同，這個教育，我太欽佩了！」這也是管理學，國民的自我管理。

這是我當年在日本看到的，好幾件事，感慨很多，一時報告不完。所以講到管理學的來源，由日本影響到美國，發展到現在的管理學。

還有一個例子，後來我在美國，有一次回臺灣坐日航，日本航空最好，航空服務生每個都很有禮貌。我喜歡打坐，到那裡，尤其是頭等艙，腿一放，這麼一靠，其實我沒有睡覺，她以為我睡覺，那個服務生馬上拿個毯子給我蓋上，我眼睛眯眯看，很欽佩。結果看到這樣高大的服務生，都是女的；然後一個女的，很矮小的過來了，所有服務生立正，等她過去。我明白了，這是領班。哎呀，我說日本這個民族性，都是中國文化儒家精神的保留，不像我們……這是談到管理。

那麼，我們現在把這些零碎的講了，剛才亂扯扯到日本，講管理學講到日本。我們現在的管理學呢？變質了！都是怎麼行銷，怎麼推銷，怎麼把職員、幹部、工人一環一環地管理好，基本的管理精神沒有了。其實管理學最重要的，是老闆思想的管理，情緒的管理。個人管理、自我管理是最重要的管理，不要以為發財，可以號令天下，財與勢不能號令天下。

我把話題一下拉回來，拉到中心了，現在每個老闆發了財，志高氣傲！

對不起哦，那不是你們，也許是你們，不知道哦！我是看到的，志高氣傲。我說的，不是你們的本事，是時代機會給你們。不要再被勝利衝昏了頭哦！開放發展給你這樣一個機會，你以為自己本事大了，其實都是虛擬。真給你講，我常常告訴做企業的一般人，你們畫的數字越來越多，房子越住越大，汽車越開越新，人格越來越渺小。所以最要緊的是自我的管理，新舊企業家的不同，重點是在這個地方！

講了那麼多囉嗦話，前面是拖時間的，重點在後面。講到個人的管理，我今天抽出諸葛亮的〈誡子書〉，我的考慮，讓你們拿去背背。諸葛亮給兒子的這封信，非常重要，我希望你們諸位企業家背一背。

「君子之行，靜以修身，儉以養德」，這裡每句話發揮起來意義都很多，先學會心境的寧靜，我們先把原文大概唸一下。

「夫君子之行，靜以修身，儉以養德。非澹泊無以明志，非寧靜無以致遠」，這一點，希望中國新起的企業家，尤其是各位，注意能不能澹泊。不但生活要淡泊，思想也要淡泊。我想你們都會知道，從漢朝諸葛亮這封信以後，一般人常常講的名言「澹泊明志，寧靜致遠」，就是從他的這兩句話裡提出來的。

「夫學須靜也」，真講學問，要一個寧靜的環境，寧靜的時間，每天諸位，十二個鐘頭裡只要三四個鐘頭，自己有個單獨寧靜的反思、反省，有個讀書的時間；「才須學也」，知識的增加，才能的增長，要學問中來。「非學無以廣才」，不求學，不求廣泛的知識，才能是有限度的；「非靜無以成學」，沒有寧靜的心境，寧靜的思想，你的學問不會深入。有的版本是「非志無以成學」，志，就是立志，沒有深刻的願望、意志，學問也不可能深入。

「慆慢則不能研精，險躁則不能理性」，也有版本是「險躁則不能治性」。這兩句話是對起來的，這是漢文的特點，句子是對應的。自己對自己原諒、放逸、不精進是「慆」；「慢」是我慢，自己認為滿足了，了不起了，每個人都容易犯這個毛病。譬如你們諸位，同我們一般年輕的人讀書一樣，一看以為都懂了，其實連影子都沒有摸到，這就是慆慢。慆慢則不能研精、精到；「險躁」，內心思緒跳動，思想不穩定，脾氣很躁，則不能理性，管理不了自己。

這是諸葛亮對兒子的教育。他的兒子諸葛瞻，戰死於綿竹，所以諸葛亮是一門忠孝。諸葛亮幫助劉備在四川，兒子也帶到四川，在家裡讀書，他也沒有空閒教兒子，這是他教訓兒子的一封信。

「年與時馳，意與歲去」，年齡跟著時間跑了，年齡老了，思想衰退了，一歲一歲，你覺得自己長大了，今年四十，明年四十一，好像長大了，實際上你是衰老了，落伍了。

「遂成枯落」，最後你是落伍了，跟不上時代。「悲歎窮廬」老了，沒用了。古人有一首詩「壯不如人老可知」啊，有什麼可談呢？悲嘆窮廬是自己後悔，「將復何及」，後悔也來不及了。

諸葛亮〈誡子書〉，我當年二十多歲教軍校學生，就要他們背這個，每天要背來，你將來要作統帥、作領袖的，不讀這個不行。諸葛亮的文章不多，但他寫的信，最令人佩服了，都是短文，簡簡單單幾句話，包括了很多的意思。諸葛亮一輩子最了不起的文化著作，流傳萬古，只有前後兩篇〈出師表〉。所以古人說「但得流傳不在多」。

我最近常常感嘆，范仲淹寫了一篇文章〈岳陽樓記〉，他根本沒有去過岳陽樓，他那個時候在鄧州作官。范仲淹是一個孤兒出身，出將入相，影響中國文化那麼大！這篇文章最有名的兩句是「先天下之憂而憂，後天下之樂而樂」。所以大家讀書，研究學術，想著書流傳，注意這一句話「但得流傳不在多」。

那麼，我講了這篇〈誡子書〉，提出來作為諸位的修養，要隨時反省自己，千萬不要給勝利衝昏了頭，不要讓鈔票把自己腦子搞亂。古人有一句話「唯大英雄能本色」，我常常吩咐同學們，也吩咐朋友們，我們都是鄉下出來的孩子，所以曾國藩用人喜歡用鄉下出來的，因為有「鄉氣」。我們這位張院長是西北鄉下出來的，他還保持那個鄉氣。唯大英雄能本色，不要傲慢，不要被勝利衝昏了頭。

人的修養，內在的修養，最難，就要讀《中庸》，我這本書稿子寫好了，還沒有出版。《中庸》講「天命之謂性，率性之謂道，修道之謂教。道也者，不可須臾離也，可離，非道也。」這一段是講身心修養的最高原則。

這一段我現在嘴巴裡背出來，十一二歲時背的書，到現在不要靠你們的電腦，也不要靠本子，講到這裡就自然出來，這就是我教孩子們背書的道理。背書不是隨便記的，能背就不用刻意去想了，嘴裡講到那裡，自然出來，這叫背書。想出來的已經不是了，那個靠不住，那是硬性的記憶，不是背誦，所以叫孩子們背誦，是像唱歌一樣地唱。他背會了，句子要出來隨時就出來，現在我是背出來的，我九十歲了。

然後講「喜怒哀樂之未發，謂之中；發而皆中節，謂之和。中也者，天下之大本也；和也者，天下之達道也。」這是《中庸》的原文，講到人生的修養，要背誦出來的，尤其貢獻給你們諸位先生大老闆們，像我們一輩子，隨時注意這個。

《中庸》開篇就講到「性」跟「情」的問題，這是講到生命科學與認知科學，以及宗教哲學來的，也是最高的哲學來的。這同時也是講人生哲學的，歸到身心修養方面，又是另一個範圍，不是管理學的本題，但是同管理學絕對有關係。譬如它中間提到，我們人生隨時在喜、怒、哀、樂四個方面。但是喜怒哀樂只提個頭，是基本的四個情緒方向。實際上我們中國人，經常聽到「七情六欲」。哪七個情呢？喜、怒、哀、樂、愛、惡、欲，這是七情。六欲呢？色、聲、香、味、觸、法，這是佛學的。七情，中國的儒家道家都用的。

我來不及給你們一個一個分開來講，這是專題了。這個專題，講到真正的哲學，甚至到生命科學與認知科學這邊來。

現在我們把它切開，介紹一下什麼叫「七情六欲」，重點回到《中庸》的喜怒哀樂。譬如我們都有思想，我想大家都有經驗，你們都是老闆，有時候對一個部下不高興，一邊很不滿意他，一邊罵他。有時一邊罵，你自己心裡想：少罵兩句也可以，心裡有一個「知道」可以罵，也可以不罵的，對不對？可是那個脾氣來了時——什麼叫脾氣？就是「情」，那個七情，那個一來的時候，你那個理性就控制不住了。

再譬如我們要吃一個東西，準備吃，心裡想：哎呀，這好像維他命、維你命、維他媽的命，毫不相干，最好不吃，可是嘴巴那個欲望就吃了，可見理性抵不住那個情。所以講修養管理，自己當領袖、老闆，管理你的情緒，比管理你的兒子，比管理你的爸爸、孝順你的爸爸都難！自己管理不了自己的情緒！

又如一對男女講戀愛一樣，愛到最痛苦的時候，格老子很想把他吃掉，可是「剪不斷，理還亂，是離愁，別是一番滋味在心頭！」怎麼樣都剪不掉情緒！所以《中庸》告訴你：「喜怒哀樂之未發」，這個情緒還沒有來的時候，還蠻好；處理任何一件事的時候，引發了喜怒哀樂的情緒，就要「發而皆中節」，看怎麼樣調節了，不是壓抑，是中節，這裡面很有學問了。其實，你「知道」情緒的時候，情緒已經變去了，不用壓抑，也不用除掉情緒，你看著它，它自己會變去的。

因此我常常講情緒問題，譬如我們的老朋友陳某，也跟我蠻多年的。現在他也在這裡，有人告訴我，他左手拿個佛珠阿彌陀佛，阿彌陀佛……一邊嘴裡罵部下，「你這個傢伙！混蛋！」然後又阿彌陀佛、阿彌陀佛……現在他不是這樣，這是講當年。為什麼講他？因為老同學、老朋友，可以借他做個例子。他自己也清楚啊，他到現在修養高得多了，現在做爺爺了。我講的那個是他沒有做爺爺的當年，兒子還小的時候。我們兩個討論，我說你那個情緒跟理性……他說：哦，知道，都知道，到那個時候就出來了！

所以修養、管理多難啊！但是這個修養、管理，對你事業的前途有沒有影響？非常大的影響！所以，我常常告訴這些領袖、做企業的，四個字——沉默寡言。不要輕易動怒，甚至言語還要簡短，沒有廢話，乃至修養到喜怒不形於色，下面摸不清楚你了，那你差不多了。你做了老闆以後，你的一舉一動，你的習慣，你今天晚上到哪裡卡拉ＯＫ，唱了幾首歌，碰了幾個女孩子，做了些什麼，你不要以為別人不知道，今天的社會上都知道你。《大學》告訴你修養的道理，「十目所視，十手所指」，很多眼睛看著你，很多人要求你、指責你。尤其你作了老闆，聲望高了，事業大了，你以為可以了不起啊？你比一般人更危險！

我常常提到「又恐瓊樓玉宇，高處不勝寒」，這句蘇東坡的詞，袁世凱當皇帝的時候，他兒子藉蘇東坡的詞寫給他看，袁世凱氣得把兒子關起來了。袁克文，老二，文學很好，他希望他父親不要當皇帝，只做中華民國的大總統，像華盛頓一樣，夠好了，為什麼要做皇帝呢？「又恐瓊樓玉宇，高處不勝寒」啊！

你作老闆，監督你的人不只是紀委哦！你是黨員怕紀委，普通老百姓怕公安局，監督你的人不只是紀委，任何一個人都看著你！人生最好做一個老百姓，無職無官，默默無聞是最舒服的。所以坐上面的人，內心的修養、內心的管理，更重要！

我們這一次，沒有辦法詳細給大家談，我只提一些要點。所以，你不要認為到光華學院或者某一個大學，拿到管理學的碩士、博士，就了不起了，那不算什麼。我一輩子，我常常告訴人家，我沒有一張真正的文憑，也沒有真正拿一個學位，乃至當年的日本人、韓國人要給我一個名譽博士學位時，我說笑話！我要這個嗎？你們來，我給你一張，兩毛錢買一張草紙，我蓋個大印，我可以給你一百個名譽博士學位。現在要我站在你的前面，為了這個名譽博士，行個禮，弄個帽子戴著，我一輩子難道玩這個嗎？才不會受這個騙呢！哈！那是虛名騙人。

這是拿我來講。但是也勸導你，勸你們諸位真正的反省！做到對自己的管理。這個管理的學問，最好去讀兩本書：《大學》和《中庸》，讀前面的部分，背來。為什麼只叫你讀前面的呢？因為後面是大政治哲學了，這些管理天下，齊家，治國，平天下，你不要管，先把個人管好再說。

偉大的事業是人做出來的，人最難的是管理自己，你們諸位也看了我的書，我常常說，作英雄容易，作聖人難。英雄可以征服天下，但是不能征服自己，很難！自己對付不了自己。聖人不要征服天下，專門征服自己。這是英雄跟聖人兩個的差別。

暫時就到這裡，做個結論。希望諸位作一個了不起的，征服自己的人！這是最大的管理學。

（晚餐後答學員問）

學員甲：您以後是否不住香港了，都到這邊了？

南師：我這一輩子，飄零在外，美國、法國、臺灣、香港、上海，都有辦事處存在，所以你問我在哪裡，常找不到我，我是「五馬分屍」，飄零在外。你們曉得古人有首詩：

月兒彎彎照九州　幾家歡樂幾家愁
幾家夫婦共羅帳　幾個飄零在外頭

我飄零在外頭七八十年了，就是這樣。

學員乙：老師您回過家鄉沒有？

南師：我十九歲離開家鄉，中間抗戰勝利回去了幾個月，出來以後沒有回去過。

學員甲：我記得您修了金溫鐵路。

南師：金溫鐵路在孫中山先生的《建國方略》裡就有規劃，一百多年來幾次都沒有修好。當年是溫州市長劉錫榮來找我修這條鐵路。

中國鐵路，從滿清盛宣懷開始，他辦了交通大學，開始修鐵路。一百多年來，由滿清到國民黨、共產黨，鐵路都是國營的。你們這些經濟博士，把這個帳算算看，這個鐵路每年損失多少錢？客運、貨運都很便宜，因為是國營。如果改成民營，運價改變了，但是稅收也可以改變，可以免掉很多稅收。

當時劉錫榮市長來找我，他說十幾個縣、兩千八百萬人民，把修這條鐵路的希望，都寄託在你的身上。哈！他會做政治工作，這一吹，吹得人好像都站不住了。我說你少來這一套，那要錢啊。他說曉得你沒有錢，但是你一號召就有錢來。我說空話不講，真要修嗎？我這個人想回來對國家有所幫助。我在美國時就講，你們要找我投資，四個方向可以：第一、農業肥料廠，提高農業基礎。結果我找一個學生去考察，他是農業化學博士，他回來告訴我不行，要三千多萬美金。後來才知道，實際上五十萬美金就辦起來了。第二是水利，第三電力投資，第四交通。溫州還有些同鄉來找我，我說你們做皮鞋的，穿三天就壞了，你們那些生意，我不幹。這都是二十多年前的事了。

所以劉錫榮找我修金溫鐵路，屬於交通，好吧，我答應，不過有一個條件：我要鐵路變成公司。當時，好像公司就是資本主義，說要鐵路公司化，不可能啊。後來有一本書，現在臺灣大學裡學投資經濟的會參考這本書，書名是《南懷瑾與金溫鐵路》。我說要四個原則：共產主義理想，社會主義福利，資本主義管理，中華文化精神。

我說如果不能做公司，我不幹。所以他向中央報告，當時鄧小平先生還在，中央奇怪，有人來投資，要做鐵路，誰啊？知道是我。當時沒有這樣的法令，為此就開了先例，外資可以投入國內基礎設施建設。

我當時想把金溫鐵路總公司地點設在上海，我的目的是到美國去上市。可是當時國內對股票債券不懂，他們不同意。

去簽合約的是李素美，修鐵路的錢，是素美的弟弟李傳洪拿的。

學員甲：我看很多事都說是孫中山《建國方略》裡規劃的，孫中山當時規劃得這麼科學嗎？

南師：小兄弟，你去看一下《建國方略》再問。此所以他能夠建立一個國家，一個政權。一個人有偉大的思想，他那個基礎的藍圖是對的，是這個道理。

學員乙：老師您講課時有句話：英雄征服天下，卻征服不了自己。聖人征服自己，不去征服天下。

南師：聖人征服自己，不征服天下，也不征服任何一個人。還有補充：英雄征服天下，不能征服自己，可是每個英雄都給女人征服了。（眾笑）

學員乙：那您覺得作聖人更快樂，還是作英雄更快樂呢？

南師：當然聖人快樂。不過我沒有作聖人，我也不是英雄。

學員丙：您覺得聖人對社會發展的貢獻大呢，還是英雄貢獻大？

南師：聖人貢獻大，一切偉大的文化都是聖人貢獻的。聖人沒有功名富貴的，可是他的精神影響後世。孔子是聖人，叫「素王」。英雄征服天下，所謂天下就是權力、土地、人民，就是國家。不是講普通的英雄。

學員丁：我有這樣一個說法，您看有沒有道理。聖人做事，對別人好，對社會好，對自己不一定好。君子做事，既對別人好，也對自己好。小人做事，只對自己好，不對別人好。

南師：你這三個定義都有問題，將來慢慢討論，很有意思。

學員戊：有沒有既作聖人又作英雄的？

南師：有啊，比如孔子所推崇的堯、舜、禹。在中國歷史上記載，堯、舜都活到一百歲，道家記載他們都修道的。至於舜的死有問題，他的兩個太太到湖南找他，找不到，哭得很傷心，湖南的湘妃竹上面有斑點，傳說是她們的淚痕。這是香豔的故事，聖人也有香豔的故事。

最偉大是女性，世界上每個宗教都是女性，代表最可親可敬，像天主教的聖母，道教的西王母，佛教的觀音菩薩。這裡頭有個大問題，人類文化是女性文化。

學員甲：老師，我到印度去，那邊的觀音菩薩是男的，怎麼到了中國變成女性了？

南師：他是三十二種化身，到什麼時間變什麼化身。他同情女性，女性的痛苦比男人大，女性的慈悲與男人不同。

學員己：請問老師，能否給我們講講養生之道。

南師：我不養生。忘掉身體，忘掉自己，甚至忘記了壽命長短，忘記時間、空間。你越是搞身體，希望它長壽，就越是糟糕。我告訴你的是真話，是原則。這個原則裡頭又包含了很多方法，自己要懂得醫理等等。比如說，要懂得養氣，你研究《孟子》中養氣的〈盡心篇〉就會知道。至於說養生的方法，太多太多了。

學員庚：老師我有個問題，您學貫中西……

南師：不是不是，那是你給我加上的。

學員庚：我想問，西方文化一教獨大，只有中國是儒釋道三家並立。西方與中國這麼大的差別您怎麼看，將來會怎麼樣？

南師：儒釋道三家並立是唐以後的事，唐以前不是這樣。你這個問題牽涉到宗教哲學，你的問題像西方人的問題。西方人認為中國原始沒有宗教，我告訴他們，你錯了，中國原始有宗教，中國文化以前的宗教是泛神論，很多神。中國以前就有宗教，孝道，供奉祖先就是宗教。所以我給西方人講，你們所認為的宗教，不是西方原始的宗教，西方原始的宗教也是泛神論。你們的宗教，人的上面是上帝，下面是兒女，中間是兄弟姊妹，倫理是「丁」字形的。我們中國過去，祖先就是宗教，祖宗、父母在上面，代表上天，中國的「帝」字代表上天，下面是兒女，中間是兄弟姐妹親屬，這個是「十」字形的文化。

研究西方宗教，首先要研究《出埃及記》，摩西十誡就是契約，後來契約變成法律。一神教是這樣來的，這樣統一的，統一不是宗教，是政治。譬如猶太教，用的是《舊約》，不用《新約》，由摩西這個系統來的。基督教是天主教分出來的，有很多派。講這個，一大堆歷史，很多了。

中國上古好像沒有宗教，實際有一個宗教，後世簡單稱為「天人合一」，是泛神的。雖然泛神，不太迷信。佛教來中國，是東漢的時候。以前中國講儒道墨三家，慢慢變成儒釋道三家。

差不多四十年前，香港的佛教、基督教、天主教、道教的人會合，叫我講宗教。我告訴他們，什麼叫宗教？首先要搞清楚這個問題。人家認為我信佛教，我說我夠不上資格，我信一個宗教，睡覺。任何一個宗教，我都夠不上資格，可是我都喜歡研究。那麼，二十一世紀起，所有的宗教都要脫掉宗教外衣。宗教像軍事機關一樣，外面掛一個牌子「遊人止步」，不准參觀。哲學就不同了，你為什麼不准我參觀？我從門縫裡看看可以吧？科學更不行哦！要你打開門，我要摸一下看。所以宗教是到這裡為止，這個方式站不住了。二十一世紀開始，宗教的外衣要脫掉，宗教的大門要打開了，不然所有宗教都會垮掉。為什麼垮呢？不是哪個要反對你，因為科技的進步，自然的趨勢。

譬如前天晚上在這裡，一個醫師，專門做試管嬰兒的，他跟我討論靈魂的問題。我說好，試管嬰兒發展到現在，只有二十多年，人可以拿精子卵子出來培養成人，這個科學一出來，「人是上帝造的」已經受到挑戰了，這對教廷很嚴重。還有幹細胞的問題，現在問題不要扯開了。

學員辛：老師您提到幹細胞，我正在投資中國最大的幹細胞研究。我是投資醫藥的。現在看來，在醫藥的領域，中西文化的對比衝突很嚴重。我很關心中醫的發展。所謂醫，一個是藥，一個是醫術……

南師：還有醫理。

學員辛：中國現在的統計，百分之九十以上的人生病都是找西醫。可是中國幾千年都是用中醫治病的，但是中醫現在式微，越來越弱了，好的中醫越來越少。以後的趨勢會怎樣呢？

南師：中西醫一定會結合的，這是人類必然的趨勢。我先答覆你這個結論。現在缺乏真正好的中醫，也缺少真正好的西醫。因為我不是醫生，所以這樣亂講，不負責任的。如果我還是醫生，不好意思講這個話，可是中西醫兩方面我的朋友太多了。譬如現在學醫的人，基本上已經違反了一個學醫的基本原則，都是為了賺錢、職業去學醫，西醫更是如此。你看現在進醫院，他讓你這個機器那個機器先檢查一通，他不大動腦筋的，這是醫工，不研究醫理的。許多機器照出來說是癌症，其實不是癌症，結果他給你割一刀，你也不懂。

學員甲：我就曾經被誤診為癌症，差點把腿給鋸了。

南師：譬如女性十四歲來月經，四十九歲絕經，那十四歲以前為什麼沒有月經，四十九歲後的生命又是怎麼一回事呢？許多精子卵子沒有消化掉的，是變成癌症還是怎麼樣？都是問題。現在你們迷信科學，一提科學就把你嚇住了。現在嘴裡講科學的人，很少懂科學。

學員丁：我有個研究，人類的身體、壽命幾千年到現在，改善了好多，但是人類的智慧好像沒有什麼進步，為什麼呢？

南師：幾十年前，我在臺灣一個大學裡講的，後來出了一本書《新舊的一代》，我講人類的智慧永遠是幼稚的，只有二三十歲，整個人類都沒有長大。不論從事科學、哲學、宗教，還是政治，一個人最成功的時候，基本在三十到四十歲左右，到這個年齡，智慧同體能一樣，再上不去了。年齡再大，不過是經驗的增加，染污的增加。

學員壬：老師，究竟有沒有靈魂？

南師：絕對有。不過你叫我拿一個給你看，我抓不來（眾笑）。前天來的那位做試管嬰兒工作的醫生就擔心，如果哪個受精卵有了靈魂，被放棄了或者沒培養成功，那不是殺了很多人嗎？他就害怕。這個年輕人是個很了不起的醫生。

學員壬：靈魂到底什麼時候開始的？

南師：這是個大問題。你暫時先看我講的《人生的起點和終站》。

學員癸：老師，那有沒有輪迴呢？

南師：有啊。生命分為生和命兩個問題，萬物很多都是有生無命，要思想到達某一個程度才是命，有思想感情的，這個是命的作用。有身體，有這個存在的，這是生的作用。動物是有生有命的。

學員丁：那麼，生是物質的，命是精神的。

南師：你這樣下定義也可以。

學員子：世人做善事有福報，福報和功德有什麼區別？

南師：功德是因，福報是果。打個比方說，你們做老闆，辛苦是功德，賺來錢是福報。

學員乙：我還是要問聖人與凡人的問題，作聖人是否要犧牲很多作凡人的樂趣呢？

南師：那也不一定。

學員乙：那麼，要戰勝自己的什麼東西，才能成為聖人呢？

南師：戰勝自己的行為、思想，乃至對自己的身體、感情等等，都有一個不同的方式去做。

學員乙：有一句話叫做「太上忘情」，這不是沒有凡人的樂趣了麼？

南師：「太上忘情」這是道家的話，忘情不一定是無情哦！它叫你忘情，沒有叫你無情哦！你帶的皮包裡有沒有錢啊？

學員乙：有啊。

南師：你剛才跟我講話，有沒有想到皮包裡有錢？

學員乙：沒有。

南師：忘情了嘛。這叫忘情，不叫無情。譬如六世達賴倉央嘉措的情詩：

曾慮多情損梵行　入山又恐別傾城
世間安得雙全法　不負如來不負卿

他不是無情，但是真用功修行時，就忘情了。人家說六世達賴二十幾歲在青海就死了，找了一個孩子作第七代達賴。其實他沒死，從青海消失之後，十年當中，他到內地、印度、西藏、青海很多地方修行過，後來在內蒙古阿拉善住了三十年，弘揚佛法。

學員乙：您覺得他是聖人嗎？

南師：是聖人，是個菩薩。菩薩叫覺有情，所謂大慈悲，天主教基督教講「愛」，就是情。真愛、慈悲，就是真多情，但不是你們理解的那個濫情的多情。

學員丑：您怎麼看古代男女授受不親呢？

南師：那是古代的禮貌，是《孟子》裡的話。但是，孟子同時提出：「嫂溺，援之以手者，權也。」嫂嫂掉下水去了，你要不要拉她？你一拉，男女就授受了。但這是應該做的事，這是一個權變、方便，變通的。

學員寅：現在很流行看風水，您怎麼看？

南師：風水、算命，現在大家都偏於這個迷信，太可怕了，不要去迷信這個，我告訴你不要相信。風水是個環境的保護與和諧，有沒有道理？有它的道理。風與水就是環境嘛，地下也有風有水，避開了大風、邪風，避開了水患，環境安全和諧美觀了，當然好啊。但是說風水可以保你發財、怎麼好怎麼好的，不要迷信，沒有這樣高明的人。古人已經批評了迷信風水，「山川而能語，葬師食無所」，葬師就是堪輿先生，俗稱風水先生。土地山川如果能講話，風水先生就很難辦了。

還有他剛才問的醫藥問題，有句話「肺腑而能語，醫師色如土」，五臟六腑如果能講話，醫生就難辦了，因為常常誤診的。

風水是一個環境科學，但是現在很多人學得不怎麼樣，還到處騙錢。

學員卯：那應不應該算命呢？有沒有預知未來的辦法呢？

南師：可以預知未來，但是一般人做不到的，都是騙人。就算你知道明天會跌倒，你明天就在家裡睡覺不出去嗎？過去有個故事，一個會算命的大師，算到他喜歡的一個花瓶明天中午會打破，第二天中午他就坐在那裡，盯著花瓶。到了吃飯的時間，兒媳叫他吃飯，他說「嗯，知道了」，還一動不動盯著花瓶。過一會兒，兒媳又來叫他吃飯，他還是不理，一動不動盯著花瓶，等著那個時間。叫了三次，兒媳覺得公公今天好怪，不會瘋了吧，就用撣子撥一下花瓶，結果花瓶掉到地上打碎了。他這下悟了，好，吃飯去。

他一切都算到了，就沒有把自己放進去。人有自我，決定了一切。「我」是什麼東西？你的意志、思想，決定了一切，不是頭腦。意識不在腦裡。

學員辰：老師，星座算命有沒有道理？

南師：算命卜卦都是從天文學來的，古代卜卦、算命、看風水，統稱星命之學，從天文學來的。古代天文學是怎麼一回事，現在人連影子都沒有（注：連影子都沒有，指根本不懂）。

學員巳：老師，大學堂現在是您的主要工作嗎？

南師：我在這裡掛褡（掛褡，是出家人經過寺廟借宿），作客人。

學員巳：那主要工作內容是什麼呢？

南師：我沒有工作。

學員午：您可以在這裡和類似我們這些學生，分享您的知識、智慧、經驗啊。

南師：這不是工作。這是偶然的感情的關係，高興了，答應了，就辦了。所謂工作，是有一個規律的規定，你非做不可，那個叫工作。所以我沒有工作，是自由意志。

學員未：老師，太湖大學堂的未來會怎麼樣？

南師：不知道。我如果知道就好啦，我就不要那麼辛苦了。

學員未：有沒有做一些太湖大學堂未來的規劃？

南師：沒有，決不做，我一輩子做事是興之所至，愛怎麼做就怎麼做，決不做規劃，更不講管理。

學員申：老師，我和很多同學一樣，這次獲得了一個啟蒙。

南師：不要謙虛。

學員申：我們還有很多朋友也希望接受這種啟蒙教育，這次因為我們是張院長的學生，所以能隨從張院長一起來接受您這個啟蒙教育，而其他很多朋友也想聽課，但是您的時間精力有限，如果沒有機會來聆聽您的智慧分享，是否有其他途徑和辦法呢？

南師：看書吧。或者有機會就和他們交流，但是他們很謙虛，不肯出來講，因為我的要求很嚴格。我也一直說，我沒有一個學生，因為我從不以老師自居，看他們都是朋友，以友道相處。可是他們如果不叫老師，我也罵他們的，因為他們沒有禮貌。他們如果真把我當老師看，我也不承認，否則我太自傲了。中國文化，老師和學生是以友道相處，既是父母，又是朋友、兄弟，這個叫老師，我是這樣一個人。

所以人家問我，你講真話，你有沒有一個真正的學生？我說沒有。為什麼？我說我要求文武都會，至少同我一樣會，如果打仗可以帶兵，武也會，文也會，古人說「上馬殺賊，下馬作露布（古稱文告）」，「下筆千言，倚馬可待」，宗教、哲學、科學、吹牛都要會，風水、卜卦、算命，騙人的都要通，無所不通，煙酒賭嫖沒有哪一樣不懂，然後放下來，可以作我的學生了。我的條件是這樣，所以我講我沒有學生。他們道德好的、文章好的，各有所長，那不是我希望的。換句話，做生意馬上就會賺錢，如果作小偷，一定偷得來，如果被抓住，就不是我的學生，這是比方。

學員酉：老師，您說邵子神數準嗎？

南師：邵子神數又叫鐵板數，算過去有時候蠻準，未來不一定，這是它的巧妙，其實未來可以知道，他不告訴你，因為「預知者不祥」，也可以說「察見淵魚者不祥」。

學員戌：老師，氣功治病有沒有道理？

南師：可以幫忙一下，讓你舒服一點。澈底治好？沒有這回事，不要迷信。過去我在海外就笑，中國文化怎麼變成氣功了？像我們過去練武功，武功練好了練氣功，氣功練好了練內功，內功練好了練道功，道功好了再往上是禪功。譬如現在我在圓桌邊上用手掌發功給你，你在圓桌那邊用手掌感受，有沒有感覺？

學員戊：有感覺。

南師：哈！當然有感覺，因為你手掌靠近圓桌。要知道一個道理：萬物都在放射能量。你就懂了為什麼手掌會有感覺。

學員辛：我反應不靈敏，每次遇到氣功都沒什麼反應，有些人就感覺當場很有效。

南師：你也不是反應不靈敏，因為你比較健康。身體越虛的人反應越快。還有，年齡也有關係，各人神經反應程度也先天不同。

學員壬：老師，命和運不同是嗎？

南師：不同。命是一個固定的程式，運是中間變化的過程。譬如這個打火機，同樣品牌、同樣型號，生產出來很多同樣的打火機，這個是命；但是每個打火機的運不同，譬如這個打火機被張院長買去了，送給最高領袖，它的運氣好；同樣的打火機，有一個被丟到廁所去了，它的運氣就不好。

學員乙：老師，現在講中國傳統文化，小孩子應該怎麼學呢？

南師：中國古代的教育，從胎教入手。我在《原本大學微言》中提到，中國文化五千年，靠女人、靠母性維持的。所以每個聖人、英雄後面，一定有個好的媽媽，母教很重要。中國古代教育，從胎教開始，女人一懷孕，看的、聽的東西、行為都不同了。教育從父母的家教開始，靠學校絕對錯誤。我們小時候出來，到人家做客，人家就說：「喲，他是誰家的？家教很好的啊。」現在的教育，最好家庭的孩子，受的最下等的教育，尤其是香港的家庭，孩子交給傭人帶，還會有好的教育嗎？教育要母親親自帶的。不只孟子，好的孩子差不多每一個都有好的母親帶。好了，他們催我，時間過了。

張維迎院長：非常感謝南老師！使我們終生受益匪淺。回去大家再研究南老師的書。

南師：不要那麼謙虛，那麼客氣。對不起哦，我亂七八糟講一頓。我那些書是騙錢的。

學員乙：剛才我們也在提議，因為這次來了許多企業家，他們在各行業也都在探索實踐，這次聽了老師的課，大家都說這是我們同學會的一個品牌，大家準備把您的理論應用到實踐中，半年後把感受匯集起來報告給您。以後的日子，比如說半年或一年，會有一次書面的報告。

南師：好啊，歡迎你們來玩，我們是開牛肉店的，專門吹牛的，哈哈！好啊，再見。

二

國學與中國文化

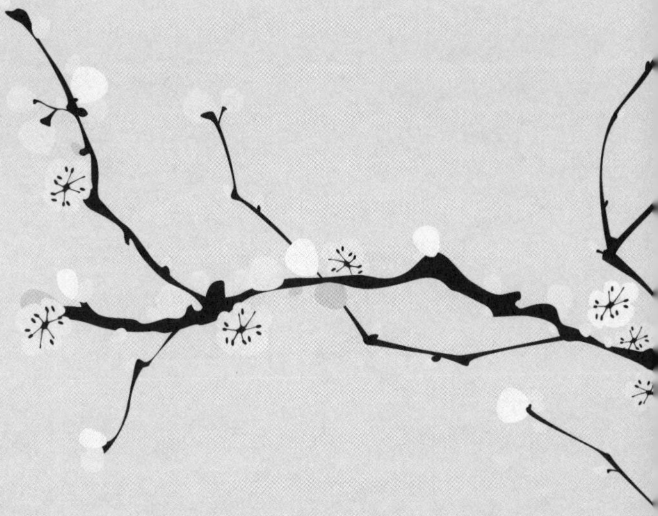

時間：二〇〇七年十一月十五日

聽眾：中國人民大學國學院師生五十多人
與各界旁聽者共一百二十餘人

第一堂／內容提要

孫家洲院長：尊敬的南懷瑾先生，在座的各位女士，各位先生，人民大學的各位老師和同學們，今天我們人民大學的師生一行五十一人，專程自北京趕到太湖大學堂，來當面聆聽南懷瑾先生的教誨。這是南懷瑾先生給我們的一個特別的安排，在此請允許我代表人民大學國學院的全體師生，對南懷瑾先生的厚意表示衷心的感謝！人民大學校長紀寶成教授，本來是一定要與我們師生同來受教，碰巧教育部、中組部的例行巡視團到人民大學，所以他這次沒有辦法趕來聽南懷瑾先生的課。他專門囑託我，讓我向南懷瑾先生表示問候，表示感謝。謝謝南先生！

南懷瑾先生對於我們在座的每一位女士和先生來說，都是一位令我們非常敬仰的人，他是當今著名的國學大師，密宗高人，也是心憂天下的名士。我們能夠有機會當面聆聽先生的講座，真是倍感榮幸！祝先生身體康泰，他為中華民族文化的繁榮昌盛，起到不可替代的作用！我們希望今後有更多的機會，再次前來聆聽先生的教誨。謝謝！

南師：諸位請坐。抱歉！輕鬆一點，不要那麼嚴重。今天我們有幸在這裡聚會，看到諸位國家未來的優秀人才，我想起了〈滕王閣序〉的八個字：「勝友如雲，高朋滿座」。我們今天講的是國學課，離不開國文，在古文這八個字，拿現代白話文來寫，就是一篇文章嘍！

這一次的課題，是講國學與中國文化的關係。三、四個鐘頭講不完的，只好儘量的簡單扼要。

這次課的緣起，剛才孫院長報告了，是貴校的紀寶成校長給我出了三次題目。開始成立國學院的時候，他很擔心，學術界很多人攻擊他，認為他開倒車。他來跟我談幾次，一定要我到北京參與這個工作。我年紀實在大了，現在是哪裡都不去。你們講國學的，我先講兩句詩給大家聽：

老來行路先愁遠　貧裡辭家覺更難

這是金元時代的大名士、大文學家元好問的詩。他當時生活環境不好，因為金朝亡在元朝手上，所以元好問的詩有國破家亡的感受。這是他晚年的詩，我年輕時看到很有感想，你看這兩句話如果寫現在的白話文，一大篇了，不得了。在古文的詩裡，十四個字就講完了，把所有的心境就表達了。

我剛才講到紀校長兩三次要我到北京，他非常誠懇，我推辭了。然後他跟孫院長一起來，約定到這裡上課。這是很對不起大家的事，千里迢迢到這裡來，很抱歉！

現在在座的另一位校長，就是中國科技大學的朱清時校長，他同紀校長兩個人在這個時代都感受到痛苦，朱校長是學科學的，他現在想把中國最新最前沿的科學跟舊的科學結合研究，把生命的科學跟醫學，尤其是中醫學結合研究。他的志向很大，而且把認知科學、生命科學同中國的儒家、道家、佛家結合研究。校長這幾年在努力這個，他所遭遇的批評比紀校長還嚴重，好像科學家、各方面對他都是加以……不說是攻擊吧，但至少很難受。

可是我非常佩服紀校長和朱校長，他們不顧一切為中國文化沒沒無聞的在努力，所以我特別請他上來高坐在旁邊，代表他自己，也代表了紀校長，兩個人的精神是一樣的。

交代了這個前提，現在長話短說，今天我們要講的這個題目太大。你們成立了國學院，這是個創舉。最近看來人民大學國學院好像影響蠻大，據我所了解，全國各大學現在產生一個新的潮流——國學熱，國學變成熱門了！中國文化變成熱門不過一年多、兩年。據說，很多學校興起國學班，報名的都是大老闆們，學費聽說十幾萬到二十萬。喲！炒股票一樣，國學的股票炒得這樣熱！這消息準確不準確我沒有去深問，可是社會上的確流行國學熱，這種情況是好的嗎？壞的嗎？

我們觀察一個時代、一個社會、一個歷史的演變，熱門的事是好是壞很難下定論。至少我們今天的社會有一個莫名其妙的事，一個新的課題，或者是冷飯新炒，變成蛋炒飯上來，也轟動一時。我希望大家冷靜地研究這個問題。

提到國學問題，有幾個問題我們需要解決的。首先諸位同學要注意，什麼是中國文化？

譬如大家都講中國文化，甚至講我們中國文化的特色，中國文化的特色是什麼？我們能不能用一兩句話，最多三四句話把它答覆清楚呢？幾乎很難。因為前提沒有一個定論。

「中國文化」是什麼？這個名稱怎麼來的？這是最新來的哦！人民大學用的不是這個，而是「國學」。「國學」是幾時來的？又是個問題。什麼是國學？當然我們嚴格以邏輯來講，每一個國家自己的文化都可以稱為國學，美國的國學，英國的國學，日本的國學，中國的國學。那麼，我們中國的國學是什麼東西？又是個問題，同中國文化問題一樣。

另外一個問題，國學連帶有一個舊的名稱，叫做「國粹」。國粹是梁啟超他們搞出來的，這個名字用了一下已經不用了。

還有個名稱，很嚴重的問題，我們常常講自己文化是「漢學」。「漢學」是外國人叫的。真正在中國文化的內涵裡，早就有漢學這個名稱，這是指漢代的學術研究，漢代人研究經、史、名物、訓詁、考據之學。漢學並不代表中國文化。為什麼漢代人研究這個呢？

秦始皇以後，同我們這一代一樣，文化破壞了。大家都知道秦始皇焚書坑儒，把書燒了，把讀書人埋了。不過這個罪過不要給人家加得太大。秦始皇是做過這個事，但是你研究歷史，我說這也不全是秦始皇幹的，是他的乾爹呂不韋、宰相李斯一起幹的。秦始皇年輕啊！他沒有把全國的知識分子殺掉，也沒有把全國的書燒掉，他把全國的書集中到首都咸陽，學術要加以清理，民間不准流傳。

我們現在讀書有「博士」，他那個時候成立博士官，博士這個名稱從那個時代開始的。漢朝也有博士，那是根據秦代的稱呼。博士就是專家的意思，通一經一論。我們中國人一聽博士，好像什麼學問都懂。不是的，在秦漢開始是稱專家，成立了博士。

那麼，秦始皇召集這些博士討論學問，談論對時代政治的意見。中國人開會和外國人開會也差不多，中國人更嚴重，開會時：「諸位委員還有什麼意見嗎？哦，沒有一個人說話，散會！」出了門就說：「不行的啦！」「那剛才怎麼不講呢？」「不好意思嘛！」中國的民主所以搞不好，就是因為當場乖乖的，背後意見多得不得了。史書上講秦始皇幾次叫博士們開會研究，徵求意見，大家沒有話講。開會以後，出來「腹誹」，肚子裡講話，一肚子意見，下來亂講，誹謗了。秦始皇一氣，就殺了他，討厭嘛，請教你不講，背後去搗亂！所以秦始皇的焚書坑儒，好像把中國文化搞沒有了，其實並不是這樣。

真正破壞文化的是項羽，他老兄二十幾歲作全國的統帥，一戰成功，自稱西楚霸王，看到咸陽宮那麼大的建築，看到這些圖書（秦始皇把全國的圖書集中在咸陽），一把火把它燒了！這個罪過不是秦始皇，是項羽幹的事。

你們講中國文學，我給你們講一首詩，關於秦始皇燒書的。中國文學離不開詩詞哦，很重要，所以我也常常提醒外國朋友，你研究中國文化，研究中國哲學史，中國的文化發展史，不懂詩詞的話談都不要談啦！中國是個詩人國家。現在人有沒有做詩啊？現在你們手機上都有的，什麼五塊就五塊，十塊就十塊，很多的段子。這個國家民族的詩才，現在用去編段子了。

清朝末年，就是慈禧太后、李鴻章把臺灣讓給日本這個階段，湖南才子易實甫，為了這個要跑到臺灣，跟臺灣一個名士丘逢甲一起領導大家，準備起兵跟日本人打。易實甫是個才子，有一首詩講項羽的，非常好：

二十有才能遂鹿　八千無命欲從龍
咸陽宮闕須臾火　天下侯王一手封

「二十有才能逐鹿」，項羽起兵逐鹿中原，只有二十歲出頭，他是楚國高幹子弟，劉邦是平民。「八千無命欲從龍」，他帶了楚國人，安徽、江蘇、浙江的，八千子弟，都是江東人，南方人，想起來推翻秦始皇政權。「咸陽宮闕須臾火」，咸陽宮，我們看古書，你研究秦朝的建築，說那個宮廷的門，人騎在馬上拿十丈的旗杆過咸陽宮的大門，那個建築現在很少見呢！修了多少年的咸陽宮，那麼了不起的一個宮殿，他老兄項羽來一把火燒了。假使留到現在，你說觀光門票價多少錢？可惜八千青年跟他白搞了。「天下侯王一手封」，項羽成功不過二十幾歲哦！我們後來叫漢朝漢高祖，是他封劉邦為漢王的，天下這些諸侯是項羽一手封的！高幹子弟就是高幹子弟，這樣的威風。

我們看戲《霸王別姬》，為什麼八千子弟那麼可憐，最後自殺呢？如果項羽在咸陽做西楚霸王，就不會有劉邦的漢朝了。項羽為什麼失敗了呢？高幹子弟！年輕人好玩，咸陽沒有卡拉ＯＫ，江南有卡拉ＯＫ，有好汽車，有好吃的，尤其南方人到了西北吃鍋盔，吃大蒜辣椒，沒有海鮮吃，這個受得了嗎？所以他老兄就講一句話，「富貴不歸故鄉，如衣錦夜行」。你們學國學的，注意哦！讀了歷史這些書，都是原文，要背來哦！所以他封完了天下就回去！回江南，至少回到江北一帶。為什麼？換句話說，格老子發財了，天下第一！嘿，在西北跟這些鄉巴佬有什麼意思！回到江南，至少有我的朋友焦晃啊，我的朋友朱校長啊，回去看看，格老子二十幾歲，嘿！富貴要回到家鄉給人家看看，格老子，要玩一把，所以封了天下以後回來。

一回來，漢王出兵，張良、韓信幫劉邦出兵了，就怕你不回去，你一回去，正好，屁股後面殺來了，完了！就這麼一回事。

我們現在講國學，不要講開了，不是說歷史，就是告訴大家，這個時候，中國文化斷層了！所有圖書在咸陽被項羽一把火燒了。中國讀書人不是全體死完了，民間雖然還有很多，但是直到漢高祖出來，我們的文化還是斷層的。

從秦到漢這一段的社會經濟貧窮痛苦，漢文帝上臺，用道家老子哲學四個字「休養生息」發展經濟，豐衣足食，讓老百姓有飯吃。古文「休養生息」四個字，拿現在寫經濟學大概一大堆，各種理論都出來了，出版社都來不及出版。所以你要研究國學，讀書要注意，讀外國書也好，中國書也好，中國人講讀書，要頂門這裡有一隻眼睛，智慧之眼，把歷史看通、把書看穿。

漢文帝上來，休養生息，乃至自己提倡節儉，歷史上講他穿一件皇帝袍子，穿了二十年，還補過，走道家哲學的路，非常儉省。反照我們這個時代，大家都在浪費。這就是歷史要借鑒的，讀古書學國學要注意這個地方。

漢文帝那時沒有恢復文化，到他兒子才開始的。他走的是「休養生息」，道家的思想，安定第一，和平發展第一，以充實國家。其實漢文帝做皇帝只有二十幾歲，而且他自己寫信給南越王趙佗。當時長江以南，他的政治力量幾乎還沒有達到，北方又有匈奴，西北、東面朝鮮一帶也有問題啊，還談不上日本。文帝很痛苦的，二十幾歲的皇帝，把這個天下安定下來。

漢武帝一上來，改變了祖父的政策，不走道家休養生息，而是擴展勢力。並不是漢武帝不對，因為時代不同了，演變到這個時候，不能不改變，因為南面有問題，北面有匈奴問題，西北也有問題。國家經他祖父跟父親三四十年的努力，社會安定，經濟充實了，有力量向西北發展。這樣，漢武帝時期才開始恢復中國文化，開始注重儒家，孔孟之道。

這一階段等於我們一樣，從推翻滿清、推翻了中國舊文化以後到現在今天，九十六年。我們看看這一段歷史，從推翻秦始皇以後，由漢朝建立，到漢武帝恢復中國文化（不是儒家就代表中國文化哦），我們拿歷史來做對照，是經過了七八十年以後才恢復中國文化。

現在我解決一個問題，所謂「漢學」，是這個時候的學問，叫漢學，不叫國學。為什麼講漢學呢？恢復中國文化，包括四書五經，每一個字為什麼這樣寫？這個字是什麼意思？譬如「中」，為什麼這樣一個圈圈一豎，叫做「中」？要研究就要看漢學的研究。一個「中」字，拿我們現在，要幾萬字的研究文章。實際上這個「中」字很簡單，世界上就是天下一圈，我夾在中間。可是這個文字的內容很多了，這叫研究中國文字的來源，從上古到現在的發展。我們中國文字怎麼來的？開始是有圖案的。

我還請那位謝教授拿來中文的圖案，譬如說，我有個老朋友叫呂佛庭，河南人，已去世了。他是畫家，文字學家，也曾出過家，自稱「半僧」，是個學者。他晚年拿給我看《文字畫研究》，我看了後說：「老兄啊！你趕快做，把中國文字趕快畫出來，一幅一幅，太寶貴了！」現在在我們圖書館這一套書，由臺灣跟我搬到美國，從美國回來又跟我到香港，從香港回來又跟我到這裡，這套書搬回來的成本不曉得多少。我前天想到講這個問題，叫謝錦揚找出來，他馬上找出來三本。你們研究國學的同學們，如果研究文字，繼續他的工作，你就了不起了！又可做個畫家！

研究漢學，講文字學叫「小學」。一個文字的注解是什麼呢？這叫訓詁。滿清末期西方人，德國、法國、英國人，研究我們中國文字，先從漢學入手，他們很紮實的。我們的四書五經英文都有翻譯，我圖書館裡都有，當然同現在英文不同，他們是研究漢學。

我們中國人不懂這個道理，在外國問你是學什麼，你說研究漢學，意思是講自己在研究中國文化，這兩個名稱是「似是而非」，牛頭不對馬嘴！大家明白了吧？漢學是這樣一個意思。現在我們中國人講自己中國是漢學，看了令人非常非常的遺憾。

這是講在前面的話。講到中國文化，剛才孫院長也介紹，報紙也講「南懷瑾是國學大師」，我每次看到這個臉紅得發黃，紅還不夠，還發黃，黃了還發青，自己覺得很難過，我算老幾呀？什麼都夠不上。所以每一次上課演講我都先說，我今年活到九十歲了，我的一生八個字：「一無所成，一無是處」，還國學大師呢！那個「大」字上面多一點吧，「犬」師，狗師差不多！我真的很反對這個過譽的名稱。

我比方自己是什麼呢？唐人有一首詩，寫一個宮女，我不過是中國文化的「白頭宮女在，閒坐說玄宗」啊！我不是大師，也不是國學家，什麼都不是，只是從小喜歡研究自己的文化，研究人類的文化。不過年紀活大了一點，人活大了好像也有好處，大家就給你戴高帽子了，因為怕冷嘛！帽子就太多了。

唐人另有首詩怎麼說呢：

竟日殘鶯伴妾啼　開簾只見草萋萋
庭前偶有東風入　楊柳千條盡向西

「竟日殘鶯伴妾啼」，這個宮女進了宮以後，皇帝前面漂亮人很多呀，進了宮裡也許跟皇帝有了一次關係，或者半次關係，住在宮裡，幾十年就老死在那裡了。這個宮女在皇宮裡頭，「竟日」，一天到晚，什麼是對象呢？一隻鳥！天天對著院子，竟日殘鶯，老的黃鸝，伴妾啼，她在哭，牠也在叫。「開簾只見草萋萋」，打開窗子門簾前面都是草。「庭前偶有東風入」，入了宮的宮女，跟皇帝有了一次關係，也封了妃子什麼啊，沒有用，一年三百六十天不曉得他哪一天想起來找一下，庭前不要說沒有看到人，鬼都看不到。「庭前偶有東風入」，你注意這個「偶」，偶然，或者皇帝經過門口，在門口看一下，啊，妳都好吧？他又到別一家去了。「楊柳千條盡向西」，我非常欣賞這一句話，形容我自己的一生到九十歲，全世界、全中國的人都向西方文化學習，都學外文去了。所以我自比，這一首詩形容我的一生。

你們學古文學詩要曉得朗誦，千萬注意！你們國學院的同學們成立了個詩社，這個詩社寫信給我這個老頭子，找到白頭老宮女。我也很鼓勵他們，不曉得他們來了沒有。

中國人讀書朗誦，你們既然學詩，學國文，還是要朗誦。所以一個大學、一個書院裡頭要書聲琅琅。那麼各地朗誦有各地的讀法。我現在給你們示範一下，我們讀這個書，一讀就背下來了，這就會做詩了，它是有音韻平仄的（南師示範朗誦「竟日殘鶯伴妾啼，開簾只見草萋萋」）。為什麼這樣朗誦呢？看到這個文字，自己把身心都投到那個畫中去了！算不定讀了這個詩，自己一感慨會掉出眼淚。譬如我覺得，我的一生就是這一首詩。玩了幾十年，現在你們大家叫我國學大師，我可是做了白頭宮女。全中國人喜歡搞西方的東西，誰來搞中國的？「庭前偶有東風入」啊！是代表自己的了。可是呢，全社會「楊柳千條盡向西」！

學國學，我主張千萬注意朗誦！如果只是照現在看書的方法看啊，我相信基礎打不穩，沒有用！我是這一種唸法，現在我請宏忍法師用國語，用閩南調的唸法唸一遍。所以這個朗誦沒有規格的，你自己可以編，去唱。可惜我手邊沒有帶來，在臺灣已經有編好的，各地很多朗誦詩的音聲，自由發揮的。你找我們有名的朗誦詩詞的大師明星焦晃，他坐在這裡，等一下請他唸一下，他的朗誦又是一種了。現在我們請宏忍法師用閩南調唸一下。（宏忍師朗誦）

這是閩南語的唸法，福建的唸法。臺灣的唸書方法，哪怕日本人控制了臺灣五十年，小孩這個唸書還一樣的。大師啊，來一下，你臨時表演，我們的好朋友，這位焦晃先生你們都認識的，演康熙皇帝的。（焦晃先生朗誦）

這是告訴同學們，你研究國學啊，詩文都要朗誦，千萬注意！朗誦有個什麼好處？你不要管你自己聲音好不好聽，又不是唱歌，歌是給人家聽的。所以古人叫讀書，在書房裡讀書吟詩叫「無病呻吟」。有時候啊，自己有感想時，吟誦「竟日殘鶯伴妾啼，開簾只見草萋萋」，自己對自己的欣賞。你這樣讀書一次，等於你們現在看書一百次，千萬注意！不然你書是看多了，記住沒有呢？記不住。這是講國學嘛，所以古人叫「讀書」，要讀出來。讀的方法裡頭一個默念，一個朗誦，朗誦就是開口唸，這叫讀書。北方叫「讀書」，南方叫「唸書」，這樣唸書，心裡腦子裡會記得深刻，心情也很愉快，心理情緒自然得到調節。這是學國學的第一步。

你看，本來只有三四個鐘頭講，我現在等於序言都沒有講完，只解釋了一點，現在切斷，不發揮下去了。回轉來，我們剛才講三個問題，什麼叫中國文化？什麼叫國學？什麼叫漢學？先把這個問題解決清楚。

那麼「中國文化」是怎麼講起來的？是最近幾十年講的。「國學」還是推翻滿清以後，二十世紀初期到現在。你注意，我再提一下，推翻滿清到現在九十六年，還不到一百年。我說中國文化給「五四」攔腰砍了一刀，後面就不講了，攔腰砍斷還有個根，後來給人家又把根挖掉了。現在我們要恢復文化，重新追根，重新來！

「中國文化」這個名辭是最近起來的，是對應「外國文化」而言。所以說要了解世界上的四大古國文化，中國文化、印度文化、埃及文化、希臘文化。我們現在講西方文化，美國人、英國人，他們自己說是從希臘文化系統下來的。我在美國也常常笑他們，你們從希臘文化系統下來？用上海話說是「勿搭界啦」，搭不上的，瓜棚搭在柳樹上。你們美國立國不到三百年，而且當時新大陸開始，你們都是各國沒有飯吃的跑到這裡，發展新大陸田地，沒有文化的。今天你就能代表西方文化嗎？西方文化要從拉丁文、希伯來文講起，不是說英文就是。

說到西方文化，有一個經典要注意，《摩西出埃及記》。西方文化是天主教、基督教的天下，不像中國有儒家，道家。摩西出埃及，諸位同學曉得是什麼時代？比周朝還早的商朝時代。摩西出埃及，就有關於現在以色列、耶路撒冷這些問題了。摩西先建立《摩西十誡》，西方文化以《十誡》為基礎，以宗教為基礎，十誡也可以講是宗教的戒條哦！一直影響了整個西方文化，注重契約行為。因為注重契約行為，而注重民選，民主選舉是從這個發展而來的。我今天特別給大家提出來。契約行為構成了西方宗教行為，法律行為，民主行為。

中國文化不然，開始就一朵花一樣，長出來是自由的。所以真講中國，從上古以來就是自由民主，與西方的自由民主不同。道家講道德，儒家講仁義，它不是戒條，不像摩西十誡，而是作人行為的目標。所以中國文化是從普通人的行為道德，到追究生命最根本的問題，從政治文化的基本到最高理想，從普通生活到哲學科學宗教合一，追究宇宙生命的根本問題，都有目標和方法，與西方文化大不相同。

那麼，能否把科技、物質的是否發達，是否挨打，做為文化先進或落後的標準呢？這樣問好像比較難思考，打個比方說吧，一個人會賺錢，或者知識、技術、才能很多，這個人就必定會作人做事嗎？就必定有智慧嗎？就必定人格健全、品質高尚嗎？恐怕不一定，而且非常不一定。對吧？因為根本不是一個邏輯，上海話「勿搭界啦」。你硬把它穿鑿附會在一起，那是個情緒化的觀念。但是中國乃至全世界，兩百年來都在這個心理情緒中，而且理論還多得不得了。

再譬如說，我們歷史上沒有特別提倡發展科技、物質，而是特意地控制它的發展。中國即使有發達那麼長久的歷史，也從沒有侵略過人家，能否因此而推論中國人就很傻瓜，文化就落後，政治就腐朽？這也是邏輯不通的，「勿搭界啦」。可是一兩百年來，都在這個範圍裡鬧，可見人類的智慧水平永遠年輕。

那麼，一兩百年前，中國人被強盜們打昏了頭，所謂勝者王侯敗者寇，以致澈底懷疑自己。這種情緒，終於演變成政治和文化的內亂，一亂上百年，搞不清也來不及搞清自己的文化，更搞不清西方文化，就莫名其妙地

「楊柳千條盡向西」了！反過來說，西方人更不懂中國，他們怎麼講，中國人就跟著隨聲附和，簡直是笑話！這個裡頭檢討起來，問題很大、很多。將來的歷史怎樣評價這一兩百年的中國，乃至全世界的文化，現在還不知道。

話不要扯開了，我們今天講中國文化，那麼，文化的基礎是什麼？我的定義是：言語，文字，思想（思維方式），生活習俗，這四個要素的構成就是文化。至於政治，教育，軍事，藝術，文學等等，那是後面的事。

如照孔子當時的分科，是以德行、言語、政事、文學四方面，來概括人文文化。

比如說文字，中國秦朝第一功勞是統一了中國文字。春秋戰國以前是書不同文，各地的文字，河南、山東的，南方、北方的，文字都不統一，不方便交流。言語更不統一。車不同軌，兩個車輪的間距不同，路上的車轍就不同，不方便交通。文字的統一，從春秋戰國期間已經開始，到秦朝正式統一了。中國人非常偉大，這個文字統一影響了整個的亞洲，影響了朝鮮，韓國，越南乃至東南亞各國到日本，統統是漢文化的天下。可見文字統一影響的重要！

現在我們自己在破壞文字，給人家也看不起了，對於研究自己文字來源的「漢學」也不知道了。譬如寫一個「麵」吧，寫成這個「面」，到館子店裡吃什麼？那個麵用這個面代表，好稀奇哦！變成吃臉，這個算什麼文字？好多好多！譬如說孔子云，那個「云」字一打出來繁體字變成天上的「雲」了。自己在破壞，很丟人！注意哦！文字統一！

當年一個哈佛大學教授問我，「我問你一個問題，歷史上一個國家民族亡掉，是不是永遠不會翻身？」我說：「不錯，你們西方歷史是這樣」。「那對不起，我請問你們中國，幾次亡國，這個國家永遠存在，理由是什麼？」我說，「那你西方人不懂，統一！」他說：「什麼叫統一啊？」我說：「文化的統一，文字的統一。」他聽了愣了：「嗯，有道理。」我說你看整個的歐洲，到現在德文、法文、西班牙文，什麼文，各種文字都不同的。英文字，你說英文明明**YES**，到了美國不叫**YES**，叫**YEAH**了。你們大家說自己在學英文，我說你們還有資格學英文啊？一百年以前的英文你就看不懂了。可是，中國幾千年的文字都是一樣。

言語統一也是一個大問題。文字下面就是言語，言語統一是靠這一代！我們全國的言語到現在還沒完全統一，這兩三千年文字統一了，言語現在才開始統一，還沒有完全統一。

你們研究國學，要非常注重漢學，對文字學研究清楚。漢代就有《說文解字》。再譬如，我說對中國文化的貢獻清朝最大。滿清入關，為了文字，康熙時編了一部《康熙字典》，把全國文字都編進去。你們學國文，千萬離不開《康熙字典》，你翻開看看，《康熙字典》你們大概也不會查，裡頭一共四萬七千多個字。我們中國人真正常用的文字，幾千年來，只有一兩千個字。如果你們諸位能夠默寫，不要任何書本，都記得起來，自己一個人寫得出來一千個不同的中國字，你的學問不得了了！康熙，雍正，乾隆，給中國文化貢獻很大很大，太大了！例如《古今圖書集成》《四庫全書》等，《康熙字典》屬於其中一個貢獻。你看裡面有注「唐韻」的，是代表唐朝讀什麼音韻。現在用廣東話、客家話來讀是唐韻，廣東話客家話是唐朝的國語。福建話是五代到宋代的國語。還有注「集韻」的，是當時普通話讀什麼音，「廣韻」是當時廣東南方的讀音，它都有。

中國曉得語言會變的，所以把幾千年的文化，諸子百家等等，用兩千多個字保留，後世讀三千年五千年以前的書沒有問題。你去看看英文，十幾萬字，英文也好，法文也好，德文也好，一百年以前的古文他都不懂，非專家不可，因為言語十年二十年就變動很大了。

譬如我們現在年輕人講的話，我們聽不懂，年輕人有年輕人一代的語言，他們講的悄悄話，公開對我們講，我們也聽不懂。中國古人曉得言語一二十年就變動很大，因此把言語變成文字，我們現在叫它是古文，其實不是古文。古人把文字變成個系統，一萬年以後讀了這個書，跟一萬年以前的人交流對話，沒有空間時間的距離，這就是中國文字！

這個偉大的文化寶庫，保留了幾千年來多少中國人的智慧、經驗、心血啊！而且古人寫書是用畢生的心血寫的，留給後人做個參考，非常小心謹慎。哪像現在人隨便寫書，東拉西扯就是一本書，有一點小心得就吹得不得了，當成真理了。現在人隨便批評中國文化，請問你讀過幾本古書？就算你讀過，你讀懂了嗎？而且那幾本書就代表中國文化了嗎？笑話！西方文化你也不懂，留學幾年就懂了嗎？你只看到皮毛的一點點而已，回來就說西方如何如何，也是笑話。英文是兩次工業革命以後才流行的，你要研究以前的西方文化，還要研究拉丁文或希伯來文。

所以說文字重要！你們學國學第一要注意這個！這是中國文化寶庫的鑰匙！鑰匙找不回來，不要談寶貝了！對音韻「小學」不通，國學怎麼學啊？如果以我的經驗勸你們，像我讀書的經驗，老實講，我文武的老師很多，但真影響我的沒有幾個。真影響我的還是《康熙字典》和《辭海》，就靠自己儘量地研究。你們讀書，要拿出這個精神來研究。先休息十分鐘，大家累了。

同學：請起立，謝謝老師！

第二堂

／內容提要

萬古通曉的文化體系
先研究大小學
中國的書院
尺牘與師爺
教授與叫獸
兒童經典讀誦工程
教育的終極目標
民辦、官辦教育的歷史得失
知識分子的榜樣與精神追求

同學：請起立。

南師：諸位請坐。剛才講到研究國學、中國文化問題，我的意思，中國文化的定義有四個要素：言語、文字、思想（思維方式）、生活習俗，這些綜合起來，包含了政治、經濟、軍事、文學等等，都在內。所謂中國文化，是相對於外國文化而言，全世界有四大古老文化：印度、埃及、希臘、中國。所以研究中國文化，不要忘記了與其他文化對照。

我常常拿一個國家的文化跟中國文化做對照，就是印度文化，它非常高深。如果以我研究宗教的立場，所有世界上的宗教，包括摩西出埃及建立的文化世界，都從古印度文化影響的範圍來的，所有的宗教都是從印度來的。中國文化跟印度文化同樣是古老文化，我們開始不用宗教，而用科學，用數學、天文等等，建立了中國文化。但是印度文化很可憐的，沒有像中國文化這樣，用統一的文字記載了幾千年的文化內容。四大古老文化的比較研究，其實問題很大很多，今天我這樣輕易帶去，不多談了。比如我們現在全世界通用的阿拉伯數字１２３４５到10，原始是由印度傳到阿拉伯而發展出來的。

我們要了解，自己的文化是這麼一個特別的東西，掌握了這套文字的鑰匙，一萬年之後的中國人，讀古人的書，沒有時間距離。所以說文字語言特別重要！

那麼，研究文字先要研究「小學」，我們的文字學，最有名的一本書《說文解字》，是漢朝許慎著的。中國的文字有「六書」：象形，會意，形聲，轉注，假借，指事，六個方向。我們看象形字，有些是圖畫來的。

很多字是形聲字，根據自然的法則，譬如「江」跟「河」，我們讀「江」是照現在國語發音，照廣東發音，念「剛」，模仿長江流水的聲音。河，「呵」，模仿黃河流水的聲音。都是水字旁，旁邊加一個字不同。很多文字都是由形聲來的。

會意，許多中國字一個字指多方面，你一聯繫上下文就知道是什麼意思。譬如我們聽聲音的聽字，有時候在古文裡這個聽字不念平聲，而是去聲，任其自然的意思，是會意來的。

「六書」配合《康熙字典》，中國文字三個月你就搞通了！像我當年研究小學訓詁，用了一個月，可以讀書了。像現在的教育方法，天天上課，搞通文字了嗎？不知道。

現在還有很多學者來找我，還有很有名的學院，我不報名字，最近常來，「老師，我要辦書院」，我說「好啊，為恢復中國文化辦書院。不過你讀過書院嗎？」「沒有」，我說「對了，你沒有讀過書院，什麼叫書院你懂嗎？」

我說，書院以個人導師為主。譬如朱熹辦書院，湖南有岳麓書院，江西有白鹿洞書院，以朱熹為標誌。清末民初有名的無錫國學專修館，是以唐文治先生為主導。後來如清華大學講國學，是因有陳寅恪先生而聲光崛起。而書院上課，不是你們大學這樣上課啊，它是以老師為主的。我是讀書院出身，在書院跟老師讀書時，有時候老師個把月不講一句話啊，他讀他的書，我們讀我們的書。等他想到了要給我們上課的時候，一講起來三個鐘頭也不停。我們說老師啊，飯菜都冷了！他說，不要慌！他興致沒有完。書院是學生生活、學習、做事都跟老師在一起，老師有一個心得發現，哎呀，滔滔不絕地告訴你！有時候他不講話，你自己研究。然後你講話給老師聽，他也靜靜在聽你的，除非說你錯了。如果沒有錯，「咦！你講得有道理哦！呵呵，孺子可教也！」會這樣獎勵你。

所以書院同佛教禪宗教育一樣，四句話，「見與師齊，減師半德」，你的學問見解跟老師平等，減師半德，你只算一半。老師一百分，你只有五十分。為什麼？老師起碼比你大個一二十歲吧，等你再大十歲，老師的學問又增加了。「見過於師，方堪傳授」，你的學問見解超過了老師，好學生！他把所有學問經驗都告訴你，否則你消化不了，沒有用。所以我說人家問我：老師！你有什麼學生嗎？我說我現在半個也沒有！要「見過於師，方堪傳授」，才可以傳經講道，傾囊相授。哈哈！最近有人對我說，有一個人自稱是我學生，而且出了書自稱「見過於師」啊！

所以作學生寫信給老師不稱「學生」，而是「受業」；那麼老師回學生的信不稱「老師」，而是「友生」，我是你的朋友，老朋友，代表了師生之間的關係，這是中國文化！

你們現在學國學，先好好地把中國的「尺牘」學一學，學會寫信。我說中國文化明清六百年間的政治，是靠祕書的，靠師爺，好的祕書是輔導老闆的。滿清三百年滿洲人文化程度不夠，是靠紹興師爺。實際上滿清三百年治天下，是三百年浙江人治天下，是浙江的紹興師爺，學國文的講，師爺做得好就是宰相。我說現在大家很可憐，連信都不會寫，怎麼說？「尊敬」二字是西方文翻譯，又如「親愛的」啊，「達令」啊，「親愛的某人」，「尊敬的南老師」，你還不認識我，我值不值得尊敬啊？「南老師：」冒號點兩點，我還看成「南老二」呢！姓南的作老師的也很多哦！南老師是個代號，你寫給誰？我可以不看，也不回你的信。下面那簽名呢，比米南宮的草書還難認，我還要請一個專家來考證，這什麼字啊？而且不用姓的，譬如講「王文明」，他王也不寫，來個「文明」，叫文明的很多哦，我曉得你文明不文明啊？現在沒有規矩，這個文化算個什麼呢？

所以告訴你們從「小學」開始學起，文字、音韻、訓詁，你們只要花兩三個月時間，就可以讀古書了，變成大學問家。

現在你們讀碩士、博士還在上課，我覺得很好笑。原來的西方教育制度，大學本科畢業已經寫論文了，碩士博士不上課了，同書院制度一樣，導師制的，跟一兩個老師研究專題。民國初期，還保持這個風氣。

那時候，一個大學教授四百塊錢銀洋一個月，銀洋，銀子打的。以金為本位，一塊銀洋換算十毛錢，十個角子，上海叫十毛，一毛換三十個銅板，一個雞蛋一個銅板。教授們薪水四百塊，國家的部長四百五，多一點點。一天吃雞鴨魚肉不到七塊錢，買一套英國的西裝料做得最好，不到七塊半八塊錢。

那麼，大學教授上課，一個禮拜不會超過六個鐘頭。然後，教授們出來坐的是黃包車，前面兩個紅燈，坐在上面大咧咧的比總統出來還威風。前面一個車伕跑，叫著「嘍……」大家看見：哦喲，教授來了！

現在是什麼？現在的教授，社會上有戲稱是會叫的禽獸！老的是老叫獸，年輕的是小叫獸！現在教授是個代號，給人看不起，哦！「窮得像教授一樣！」這是什麼文化時代？

我話又多講了，對不起，講開了，講到這個文化、這個時代的演變。《小學》，你們千萬注意，講國學先把這個學好。還有，多朗誦詩詞文章，不朗誦不行！

譬如我要臭表功了，我從美國回到自己的祖國，到現在，包括在香港，二十年了，我回來以後悄悄地推廣了兒童讀書，他們叫作兒童讀經，叫錯了。我說中國人現在沒有希望了，靠後代吧，發展導讀，中文、英文、珠心算一起來，但是不搞組織。到現在，全國推廣開來十幾年，幾千個幼稚園小學推行開了，邊疆、窮苦的地方更多。熱鬧的地方，不多打交道。所以影響你們今天國學社呀什麼的，大家關注中國文化。

大家笑我粉絲太多了，但是我沒有搞組織。為什麼？我說我最反對中國人搞組織，一搞個生意呀，成立一個什麼出版社啊，成立一個基金會呀，那個基金會已經變成鴨子雞精的雞精了！搞一個組織，就在裡頭爭名奪利，鬥爭人事，所以我沒有組織。我推廣的是這個，我說等於這個打火機，我坐在臺上點個火把交給你，哎，去推廣兒童讀書，你交給他，一路下去，全國鋪開了！現在不知道誰搞的。

我發動以後，誰做的呢？我給你介紹兩個人，一個郭姮妟，她小名叫沙彌，十四歲跟我到美國，現在一二十年，她現在還一邊做事，一邊讀博士。兒童讀的書本，中、英都是她編的。另外一個老人是總編輯，這位老太太，抗戰曾讀延安的陝北公學高級部及魯藝，最後畢業於南京金陵大學，她現在快九十歲了，她中外都通。她兩個一老一少，也在為文化奮鬥。

那麼這個效果呢？譬如我們今年暑假辦了三場夏令營，最後一場是內地的孩子，給這些孩子短期的田園教育訓練，不准父母參與。孩子們帶到上海人民廣場，我們去簽條子接收，心理負擔很重啊，現在大家只有一個寶貝孩子，不能生病，不能出一點事喔，很辛苦。一個多星期教育完成，孩子們戀戀不捨，走的時候掉了很多眼淚，送他們到上海人民廣場，家長們來簽收。我們測試了一下，效果還非常好，很多經驗和啟發，當然也非常辛苦，來不及多講。有十歲左右的孩子能夠自己讀《資治通鑒》了，還能背佛經，他們還提了許多問題問我。這是講給你們國學院做個參考。

既然辦國學院，有一個問題，剛才我講到，許多人要辦書院，要恢復國學研究，這是個新的風氣，所以好幾位學者跟我說辦書院，我都贊成，我也反對，我說你們自己讀過書院沒有？換句話說，書院的老師在哪裡呀？你看也沒看過書院，光是理想。有一本書叫《五種遺規》，《續修四庫全書》裡有，辦教育、書院，譬如朱熹當時怎麼辦的？還有作官是怎麼作的？都有遺留下來的一小部分規矩，這些值得研究，當然不是說亦步亦趨，是研究它的精神和方法，這是研究方面。

第二點，以我們中國文化而言，知識分子、讀書人應該有個什麼目標呢？我們現在讀書是為了什麼？對不起啊，你們諸位同學為了什麼，我不知道。我現在是提一個口號，很難聽，「教育無用論」，教育無用，我也反對現在這樣的教育，是在糟蹋人才，貽害未來。譬如一個鄉村的孩子，父母很辛苦培養他讀了書，讀到中學糟蹋了一半，讀到大學，完了！這個孩子永遠不回來了，向上海、北京各個鬧市居住，要發財，要爬金字塔的那個塔尖上去。農村那麼辛苦，培養一個孩子出來，農村喪失了一個人才，沒有人了！

今天這個教育是在樹這個金字塔，都向上面爬。而教的是知識，不是教的學問啊！人格沒有養成，作人做事都不對，對社會國家有什麼真正益處呢？

中國文化講教師是兩個要點，「經師易得，人師難求」，什麼是經師呢？教知識，四書五經、數理化、國文，教這個知識容易。人師呢，他的人格，他的一切，在導師制的書院可以做一位人師，人格的表率，像孔子、孟子一樣，不容易！所以經師易得，人師難求。

那麼，中國原來的知識分子讀書的目標呢？是求學問，包括作人做事、身心修養等等一切的學問。這是憑興趣來的，玩味一輩子，人格平等獨立的，同謀生是兩件事。不像現在人讀書，都是為了謀生。所以我提起你們諸位年輕同學們注意，我不敢說你們的目標是什麼，現在反正社會的教育出問題，所以教育無用。

第一個，父母出問題，所有的父母培養子女，是把自己做不到的希望壓在孩子身上，自己沒有發財，希望自己兒女出來發財；自己沒有作官的，希望兒女出來作官；自己理想做不到的，希望兒女將來給我做到。望子成龍，望女成鳳，這是嚴重的錯誤！

第二個呢，升學主義，不是求學問。

第三個呢，讀書的目標是升官發財，至少是賺大錢。

這是個什麼教育？我搞不清楚。自己的社會、家庭、國家，教育沒有個方向，沒有個目標。你說他沒方向目標，他說我方向目標都有啊。你要看這個家庭、社會、國家教育的實際走向、目的是什麼，不要看表面文章。

再譬如說，現在把中國隋唐開始的很好的考試制度，用到壞的方面去了。現在考試起來，連幼稚園小學還要考試，好的成績考取了進名校，考不取了進差等的學校，這是什麼教育？教育的目標是把這個不成器孩子教成好的成器的人。讀書是憑興趣，靠啟發的，那纔有動力、有創造力嘛！知之者不如好之者，好之者不如樂之者。現在變成了全力應付考試，有興趣也給你搞沒了。所以我現在講教育無用論，不曉得搞些什麼！自己教育的方向目標，什麼都沒有研究清楚。

再說，大家沒有反省，中國三千年來——我講的都是過去的經驗，我是老頭子，白頭宮女呵，是那個可憐的「庭前偶有東風入，楊柳千條盡向西」的一個宮女，在悲嘆而已。我只講過去，對現在不加評論，現在評論起來問題太大了，我也老了，只講過去。

我們想一想，中國三千年教育，由周朝到秦始皇，漢唐宋元明清，政府沒有出幾個錢辦教育，你們怎麼不去研究呢？那中國文化過去有沒有學校？有啊，「學校」兩個字夏朝開始的，唐朝有國子監，現在我們北京還有國子監古跡，漢朝叫太學。政府有學校啊，政府的學校等於現在的黨校，高幹子弟讀的，不是給老百姓讀的。老百姓是自己讀書的，中國歷史上這些名人、才子、忠臣孝子乃至於最好的宰相，最好的文人、武將，都是民間自己培養出來的。培養一個貨品給你朝廷，給你政府來買嘛，人才是個貨品，中國老百姓自己培養的，都是私塾出來的。所以古人說：「學成文武藝，貨與帝王家」。然後，政府用個什麼功名，三年一考，五年一考，考取了作官，或者備用。

歷代沒有像我們今天這樣，花了多少的教育經費培養了多少人才，然後出來了還要負責給大家找職業，哎喲，大學生失業的太多……活該！誰叫你讀書的？中國本來詩禮傳家，都是家裡讀的，自願讀的，要謀生你就直接學謀生技術好了。這個我們要反省了。

書院是宋朝開始的，宋朝真正開始提倡的是范仲淹，因為他是孤兒出身，他跟名宰相晏殊兩個開始提倡書院。然後清朝呢，有一個皇帝提倡，就是雍正皇帝，他下了命令各個州縣都要辦書院。但是書院是私塾制度哦，不是現在學校制度。所以這個問題是大問題。

推翻滿清以後，教育怎麼會變成現在這樣？對不住，我到這裡切斷不講了，這個講起來就很嚴重了。是誰的過錯也不談了。所受的教育是先給你帶上個框框，像個緊箍咒，不能發展了。這又是一個問題了。

現在回轉來講，中國的讀書人，尤其現在像學國學，國學是什麼？剛才我說過是中國文化，中國文化是個大寶庫，包括那麼多內涵，不是孔子、孟子就能代表的。其實誰也不能完全代表，因為內容太豐富了。

既然研究中國文化，每一位同學都要有思想準備，做學問準備淒涼寂寞一輩子，至少像我一樣的淒涼。不過你們看我現在很不淒涼，很舒服，其實我負擔很重啊，搞這個地方心裡的負擔更痛苦。所以你準備寂寞淒涼，不想作官，不想出名，安貧樂道才能做學問。

那麼，你第一個要學宋儒了，我常常引用，宋朝的大學問家張載（橫渠），是宋朝有名的五大儒之一，陝西人。他年輕出來的時候，到西北去當兵，找誰呢？找范仲淹，范仲淹在西北作大元帥，在邊疆防守西夏很多年了。他是江蘇吳縣人，老元帥了，你看范仲淹守西北的詩：「將軍白髮征夫淚」，西北當時的敵人是大夏國，他守在那兒，多年沒有戰爭，是因為他在那裡。可是他的痛苦呢，將軍白髮征夫淚啊！張橫渠來找他，范仲淹一看，你來幹什麼啊？他說我想當兵，范仲淹看了看說，過來，我倆談談。范仲淹也許賞識人才，所以他看張橫渠，年輕聰慧，是有前途的，何必來當兵呢？

那麼張橫渠問了：那你要我幹什麼呢？去，回去讀書，范仲淹就抽了一本《中庸》給他看，也許還送他兩個路費吧。張橫渠後來變成大儒，所以他的名言，你聽，讀書的目的，作個學者為了什麼？「為天地立心，為生民立命，為往聖繼絕學，為萬世開太平」，讀書、知識分子的目的是這個。尤其你們今天是國學院，研究中國文化全部的東西，應該是以這個精神來讀書的。

如果讀了國學院，你要擔心前途職業，我也不曉得你該怎麼辦。其實也容易，先學會寫信，先學會作祕書。當年上海交通大學翁史烈校長來看我，我說你開個祕書班，培養青年一代祕書，任何一個商業、政治離不開祕書。但是你這個學祕書的呢，要培訓他會騎摩托車，會駕駛汽車，會打字，才夠得上作祕書。學問再說了。中文、英文信要會寫，交際應酬都會。

其次呢，我的建議，讀國學院，要懂諸葛亮的〈誡子書〉，諸葛亮寫給兒子的信，這是千古讀書人的銘言。

「夫君子之行，靜以修身，儉以養德」，他告訴兒子，先學會寧靜，寧靜不是單指打坐時思想的寧靜，而是你心境要隨時可以寧靜，欲望減輕了。

第二是儉，這個儉好像省錢的儉，同樣的一個寓意，簡化，腦子情緒不要複雜，一切都要簡化，抓到要點。尤其這個時代，事情那麼多，大家都忙昏了頭，都在拼命，精神問題越來越多，要好好學習儉和靜。靜以修身，儉以養德。

「非澹泊無以明志，非寧靜無以致遠」，求學問的道理，先要把自己的思想情緒學會淡化，甘於寂寞，甘於淡泊，要安靜。你天天要去玩，欲望太多，卡拉ＯＫ呀，交男朋友啊，交女朋友啊，耽誤很多時間。求學是非寧靜無以致遠。

「夫學須靜也」，學問要寧靜。「才須學也」，才能是靠學問培養的。「非學無以廣才，非靜無以成學」。諸葛亮一輩子寫的信都是幾句，很簡單，所以諸葛亮的一生只有兩篇大文章哦，就是萬古流傳的前、後出師表。他文學水平非常高，寫的信簡單扼要，有時候只三句話，包含了很多。

「慆慢則不能研精，險躁則不能理性」，慆慢，傲慢，慆，自己得少為足，有一點點懂就認為了不起了，然後傲慢，看不起別人，這樣求學沒有用啊，不能研精，不能深入了。險躁，心裡蹦蹦跳跳的，情緒很亂，則不能理性，不能養靜，這句話講做學問。

然後下面告誡兒子的話，「年與時馳，意與歲去」，年齡一年一年長大了，時間溜走了，時間像車子一樣，跑過去很快很快。意與歲去，我們的意志、思想隨著年齡大了會懶，墮落，勇氣沒有了。這八個字非常重要！他告誡「遂成枯落，悲歎窮廬，將復何及」。他說如果你犯了這個毛病，一天偷懶，以上的告誡你做不到，隨著年歲老大，遂成枯落，永遠就是這個程度了！年紀大了才後悔，悲歎窮廬，少年不努力，老大徒傷悲！有屁的用啊！將復何及也，那個時候都來不及啦！

這是諸葛亮告誡兒子的一封信，簡單明了，一輩子都適用。所以諸葛亮的一生，你看雖然幫助劉備建立一個國家，當宰相，他始終是「澹泊寧靜」四個字，這是他的學問修養。他死了以後，現在是萬古一人，大家都想學他。他的學問是寧靜來的，所以知識分子要學他。

第三個呢，你們既然進了國學院，我抽出來南宋陳亮陳同甫的文章，他和朱熹同時代，比岳飛晚。陳亮跟誰最好呢？你們崇拜佩服的辛稼軒！他們很要好，陳亮是浙江金華永康人，他跟葉適反對朱熹這些單純講學問的，坐在那裡，對國家社會有什麼幫助啊！你看陳亮的話：「研窮義理之精微，辨析古今之同異」，你看這兩句話，現在學者做學問就是這樣，研究哲學、宗教、科學，專門談理論，研窮義理之精微，到了最精緻最微妙最高的程度，學問很好，會寫論文發表文章。辨析古今之同異，辯論、分析古代現代什麼都會。他把朱熹這班學者們，都批駁了。

「原心於秒忽，較理於分寸」，他說你們這樣搞死學問的有屁用啊！原心，推究這個思想心理，呵！一秒一分，一剎那之間都把握。較理於分毫，寫的文章都是邏輯，分毫之間都很嚴密。

「以積累為工，以涵養為正」，著書立說，論文積累一大堆。我常常說，我過去還帶博士班，我叫跟我的博士生，對不起哦，你們不能亂搞，不要讀書，去看小說，要畢業的時候，寫一本小說給我就通過。讀書研究這些幹什麼？我說寫博士論文很簡單，兩個要點：大題小做，小題大做。你研究什麼？我研究中國歷史之演變。資料那麼多！你讀得完嗎？研究中國歷史三年當中的演變就夠了！大題就小做。小題要大做，我研究這個月的事情，把外國的資料呀，蘇格拉底怎麼說呀，什麼人怎麼說啊，乃至焦晃怎麼說，朱校長怎麼說，都把它拿上來，有些書別人沒有看過的，你都把它列出來，很有學問的樣子。我說這樣沒有用啊！這就是以積累為工，堆起來就是一本書，一篇篇論文文章，這有什麼用？「以涵養為正」，自己那裡規規矩矩，講朱熹他們，「睟面盎背，則於諸儒誠有愧焉」，然後修養很好，走起路來衣服穿得端端正正，坐起來像個學者，面孔養得很好，盎背，背上駝駝的，很有學問的樣子。眼睛戴個八百度的近視眼鏡，多漂亮！他說這一套做學問的辦法，對不起，我對於你們很佩服，可是我做不到！「則於諸儒誠有愧焉」！

他說，我喜歡為國家社會做事業，尤其他要南宋出兵打仗，統一中國。「至於堂堂之陣，正正之旗」，正式研究軍事、社會、經濟的致用。譬如政府的行為就是要「堂堂之陣，正正之旗」，不能不陰不陽的，還有關聯的一句話「以正治國，以奇用兵」，都是最高的政治哲學。

我們接著看陳同甫的話，「風雨雲雷交發而並至，龍蛇虎豹變現而出沒」，這是說社會的複雜變亂，等於颱風吹來，整個社會亂的時候，我拿出辦法，拿出計劃來，使整個國家社會安定。不管你是什麼壞蛋還是好人，整個社會演變的時候，我所講的學問，是可以安定天下的，這個才叫做真學問！

「推倒一世之智勇」，他眼睛裡看你們一切都夠不上。「開拓萬古之心胸」，打開自己的胸襟思想，為這個國家民族社會建立一百年一千年的前途。他說如果這樣做學問，「自謂差有一日之長」，對不起你們諸位老兄，我們一對比，這個我做到，你們做不到！他就那麼講。哈哈！

我引用他這一段，是希望你們國學院諸位同學記住後面，「推倒一世之智勇，開拓萬古之心胸」！有這個心胸，有這個努力，紮實用功。所以我是希望你們從北京來一趟不要白來。

如果說因為讀了國學院，我看看你們男女同學都是那麼斯文，將來如何去推倒一世之智勇，開拓萬古之心胸啊？這是做國學的目的，也是國學院研究的目的。

再補充一點，我們中國過去講知識分子，你們翻開《史記》，孔子去見老子，給老子訓了一頓，老子有幾句話：「君子得其時則駕，不得其時則蓬累而行。」作一個知識分子，真要研究學問，尤其你們研究國學，學問自己累積，不一定要作官或發財。老子告訴孔子，他明知道孔子要救世救人，老子批評他，說時代不屬於你孔子的，你拉不回來。君子得其時則駕，要把握機會，看到機會你再去。不得其時，機會不屬於你時，則蓬累而行，最好隱姓埋名，不要去管事。

另外呢，我給大家引用《素書》的一段，我覺得大家研究國學，作一個知識分子，讀書人基本的修養在這裡。這是黃石公傳給張良的。後人考據，認為這個《素書》不是當時原文。我不大管考據的，誰也沒有辦法求證，你愛做考據你們去做吧，就當他是當時傳給張良的。

你們看中間一段，「賢人君子，明於盛衰之道」，要把時代看清楚，明於盛衰，看懂這個社會的變化：「通乎成敗之數」，你的知識學問，對作人做事，成功失敗都要有把握。「審乎治亂之勢」，要觀察整個社會的轉變；「達乎去就之理」，這是指個人，看清這些之後，個人應該怎麼辦啊？讀書？還是學職業？還是求吃飯？乃至一個工作要不要做？都要自己曉得。

「故潛居抱道以待其時」，知識分子四個字：「潛居抱道」，自己有學問，自己不想出來，學問為自己修養。「以待其時」，等待機會。「若時至而行，則能極人臣之位」，有機會給你出來做一番大事業，極人臣之位，譬如作宰相。「得機而動」，要等到機會，「則能成絕代之功」。機會不到，一切不要強求。「如其不遇」，知識分子要有一個準備，所以剛才我講，你們學國學求學問學位，自己要有個基本修養。「如其不遇」，一輩子沒有機會的，「沒身而已」，這一輩子默默，很寂寞的享受自己，有學問，怕什麼！很寂寞，作一個出家人一樣，沒身而已，要能把享受寂寞當快樂。沒有在寂寞中樂於學問的修養，也不可能有真學問。

因此，下面兩句話，是讀書人知識分子的基本原則，「是以其道足高，而名重於後代」，這是告訴張良，有機會你出來幫一下，沒有機會就算了，自己優哉遊哉過一輩子。「是以其道足高」，這個道，學問之道，才是求學問的目的，或者你將來自己著書立說做什麼都可以。

你們遠道而來，我的意見，把這些古書上所講知識分子、讀書人應該具備的修養，貢獻給大家，大家自己要有一個準備。否則，紀校長也在擔心你們諸位，大家也是這樣擔心，你們讀了國學將來出來做什麼？找職業？這是問題來了。可是既然走這一條路，這一條大路很難走，要立志的，要「開拓萬古之心胸」！

先到這裡，我們吃飯。晚上再說。

同學：請起立，謝謝老師！

第三堂

／內容提要

有容乃大與通變
組織與利害關係
研究中國文化的捷路
朱子治家格言
如何讀史
文化　文學　詩詞

諸位請坐。大家研究國學，研究中國文化很好，但是要非常注意時代，留意西方文化的發展，哪怕你不學外文，英文、法文不懂沒有關係，多看人家翻譯的書。如果不懂得時代的發展，光講自己中國有五千年文化，五千年文化算什麼？不過是個死老頭，那就沒意思了。中國文化素來是開放的，兼容並蓄的，講究海納百川，有容乃大。所以要東西方文化並重研究，吸取古今中外精華，為我所用，適應時代變化，甚至引導未來的人類文化。像《易經》的基本道理，就包括了簡易、變易、交易、通變這幾項內涵。

剛才我們最後提到，大家要注意學一下陳同甫的志向，這位先生是南宋時的學者，是金華永康學派的代表人物，有大見解，非常的了不起。我們今天做學問，要注意他的話，要「推倒一世之智勇，開拓萬古之心胸」。諸位作官的也好，做企業的也好，做學問的也好，應該有這麼一個氣魄，這是我們今天要走的路。

以我看來，中國文化真的開始要翻身了，但是很可憐的，沒有基礎。譬如我們看到現代人的文章，對不住啊！講句直話，包括政府的文告，你們學術界的文章，寫得不曉得是哪種文章邏輯，既長又亂。尤其這個一二十年，寫很長的句子，一二十個字一句，看了上半句忘記了下半句，看完了全篇不曉得講些什麼，重點都稀釋掉了。再過個五六十年或者一百年，後人看我們的文章要考古了，究竟這一代人搞些什麼東西啊？我們很丟人的。

可是重新建立文字的文化，這個白話文推行以後，要怎麼建立？真是一個問題。既要使大家看得懂古書，又要適應時代，我倒主張你們看看梁啟超的《飲冰室文集》，走捷路，那是新舊交流那個時代的文章。他跟他的老師康有為，後來慈禧太后要殺他們，兩個人都逃走了。我們今天老實講，中國的共產主義也好，自由主義也好，三民主義也好，對不起啊！我年紀大了可以講一句公平話，真正的內容都是用康有為的大同思想。你讀了梁啟超的文集，再讀一讀康有為的《大同書》，你才會知道。

今年開始，我聽說我們的國家氣勢很大，的確有開拓心胸的氣象。甚至聽說，我是聽來的啊！老了都是亂聽，聽外面說準備二零二零年以後，全國所有的老人都可以老有所養了。這個氣派真了不起！多少億人口啊！又聽說，現在準備推廣中藥中醫，將來每個鄉村醫藥店都有醫師去坐診了。是不是真的這樣？這個氣勢夠大了，這是中國文化。

因此，諸位知識分子讀書，還是要走捷路，走好了捷路之後，就隨便你涉獵了。我現在貢獻給人民大學國學院的同學們，開了一個書單。希望我們院長在這裡，回去以後跟校長研究，不要呆板的開這些課程了，限定他們時間，要同學們自己去讀吧！

像我推廣中國文化這幾十年，悄悄地推廣，影響到全國乃至外國，美國還有資料反饋回來。這個編輯的課本，推廣到外國去，外國人也有背我們中國書的，背了得什麼好處呢？英文、法文都不行，一背中國書，寫中國字，老年癡呆沒有了。他們傳來給我的資料，他說是非常奇怪的效果。雖然資料只有一兩個，不多啦，但是有道理。

你們大家把我這個沒有用的老頭子，「白頭宮女」，叫做南老師，你查我的書上，我三十幾年前在國民黨的中央黨部講的，批評他們，批評國民黨，我說你們搞的，把中國文化也搞壞了。我說今後中國文化要開始發展，未來的時代中國文字，會變成世界上通用的第二種語言，一定實現。也許英文還慢慢會衰退。這個話我現在再提一次，也許我死了，將來不準，有人把我從棺材裡拖出來；不過我要燒成灰，讓你們找不到，呵呵，免得被拉出來鞭屍了。

第二，我也告訴外國朋友們，我說四十年前，如果一個年輕人不懂英文，在這個世界上走不通。四五十年以後，不管你白種人黃種人，不懂中文你就吃不開了。我這一段話當時講，大家只好笑，因為知道我是很頑強的，對於中國文化很固執的一個人。可是我一邊講，自己也在笑，你們聽吧！記住啊！呵呵！

我當年推廣兒童讀書，大家希望我搞組織，我是不來這個的。中國人一百年來就是搞組織搞壞了，搞一個思想，搞一個主義，搞一個黨，搞一個派，黨內有派，派裡頭有系，系裡頭還有什麼你的關係，我的關係，中國人都搞壞了。所以我絕不搞組織，我當時是用「ICI香港國際文教基金會」的名義，現在還存在，但不是一個真正的組織。我當年在臺灣時，大陸上是

「紅色的恐怖」，臺灣是「白色的恐怖」，我也隨時準備被他們把我這個頭拿下來，拿下來就不講話了。可是我都公開地講，事實是這樣，但我反對組織。

所以我推廣兒童讀書，我自己比方是運動會的火把，把火一點交下去，一路接替，大家認同的就自願推廣開了，既沒有組織，也沒有利益關係。

有人笑我，說我的「粉絲」很多很多！粉絲的粉絲都已經多得不得了，變成米粉、麵條了，呵呵！這不是我的本事，是中國文化本身的力量。

中國十三億人口，裡頭有多少人才啊！所以古人有一句話「江山代有才人出，各領風騷數百年」，這是清朝詩人趙翼先生的詩。我香港一個朋友，前兩天特別跑來看我，把古人的詩當到我的面改了，他也在笑，他說老師啊，時代變了，越變越快，趙翼先生這個詩要改，改為「江山代有才人出，各領風騷沒幾年」，不是數百年。我說你改得好，改得也對。

因此，我給你們開了一個書單，教你走捷路，可以快些進入中國文化的寶庫，也可以懂一點西方文化了：

（一）三百千千（《三字經》《百家姓》《千字文》《千家詩》）

（二）《文字畫研究》（呂佛庭），《御定康熙字典》（線裝本），《新修康熙字典》《遠東國語辭典》（臺灣版）

（三）《幼學瓊林》《古文觀止》《龍文鞭影》

（四）《增廣詩韻合璧》《古詩源》《宋元詩評註》《清詩評註》《隨園詩話》

（五）《古文辭類纂》《續古文辭類纂》《經史百家雜鈔》

（六）《兒童中國文化導讀》（一至三十六冊），《兒童西方文化導讀》（一至四冊）（臺灣老古文化公司編輯）

（七）《古今圖書集成》

（八）《綱鑑易知錄》

譬如說《兒童西方文化導讀》，沙彌當時問我：「老師啊！你叫我編這個，中國的有辦法，英文怎麼辦？」我說：「你注意，選《聖經》，基督教新舊約，箴言、詩篇這兩部份是很好的文學，你去選。」其他什麼《創世紀》，上帝創造了男人，把男人的肋骨拿一根出來，創造了女人，這個根本不要講了。其實男人肋骨沒有少一根，女人也沒有多出來。然後沙彌一下靈感來了，找出來麥克阿瑟教子的信，林肯南北戰爭的宣言等等，都是很了不起的。

這些各地參與中西文化導讀的孩子們，今年來參加夏令營，當時我們請了好幾個外國的老師，紐西蘭、美國、南非、日本的老師都有，這些孩子可以和老師用英語對話了。

再譬如說，你們注意啊！很重要！剛才我們提到的這幾本書，影響中國文化文學的，比如《古文觀止》，誰編的？你們諸位知不知道？是當年鄉下教私塾的老師編的，影響了中國幾百年！這些人貢獻這麼大，真是了不起。中國過去的讀書人，在民間默默地做學問，留下的名著很多，培養的人才也很多，貢獻很大很大。

還有一本書《幼學瓊林》，你們國學院的同學們要特別注意，你把這一本書會背的話，什麼天文、地理、政治、軍事、經濟，你大概會知道了。

都是很有韻律的文章，要朗誦，要唸出來，要會背，全部都背做不到，就背一些重要段落章句。《幼學瓊林》的編者是四川西昌人，這些人都是沒沒無聞的。古人著書不是希望賺錢，不是希望版權，他希望把自己的心血傳給後面的人。不像現在人，到處向錢看，看到錢，魂都掉了，讀書人人品都沒有了。古人不是這樣，這些人貢獻多大啊！

我再岔過來告訴大家〈朱子（柏廬）治家格言〉這篇文章。我告訴你這一篇之重要，像我是八歲起就會背了，不只我會背哦！我們那個時候讀書，一個家庭的孩子，不背這篇文章不行的，此其一。

還有呢，你看我們那個時候的人格教育，家裡書房裡貼了一張紙，畫了線條，有一百個框框，有些是三十個框框，一張一張放在上面，叫什麼？「功過格」。每天自己讀完書了，爸爸坐在後面說：想一想，有沒有錯？自己想想：有，拿起黑筆來在框框裡點個黑點。有什麼好事嗎？有，某某人沒有橘子吃，我送一個橘子給他，在框裡點個紅點，算一件好事。每天的思想行為，好的點紅的，壞的點黑的，給自己看，這個叫「功過格」，我們是這樣走過來的。

〈朱子治家格言〉影響中國三百多年到現在，全中國老百姓都受到影響。我可以說，滿清統治了四萬萬中國人近三百年，靠什麼？靠這一篇，大家卻沒有發現。這一篇文章是什麼人做的？明末的朱柏廬。請問他是人民大學還是北大畢業的？還是復旦？或是上海還是蘇州哪個中學的？什麼都不是，他是「諸生」，諸生是什麼？一般的讀書人。他因為滿清入關了，父親也死了，不願意做亡國奴，所以不出來，在家裡好好做學問。可是呢，滿清也沒有利用他，中國人自己接受流傳了他這篇文章。

你們看：「黎明即起，灑掃庭除，要內外整潔；既昏便息，關鎖門戶，必親自檢點」。我今年九十了，受這個教育的影響多大，你問他們，他們幾個同學跟著我的，每天晚上我自己親自轉一圈，窗戶關好了沒有？門有沒有鎖好？變成習慣了，不去看不放心。這是當年八、九歲時候受的教育，「關鎖門戶，必親自檢點」。

「一粥一飯，當思來處不易」，一口飯不容易吃的啊！「半絲半縷，恆念物力維艱」，要曉得節省，不是消費刺激生產！「宜未雨而綢繆，毋臨渴而掘井」，作人做事，事先準備好，不要口乾了才掘井汲水。「自奉必須儉約，宴客切勿流連」，財物的運用，對自己儘量的節省。這些愛唱卡拉OK的朋友，會喝酒的，一天白蘭地喝七八瓶的，這些朋友們少來，「切勿流連」，可以招呼，不能流連太過了。「器具質而潔，瓦缶勝金玉」，家裡用的東西不要太講究，好用、乾淨就是了。「飲食約而精，園蔬勝珍饈」，粗茶淡飯比什麼都好。「勿營華屋，勿謀良田」，不要說房子住得怎麼樣奢華，五星級飯店什麼的，不必要。

「三姑六婆，實淫盜之媒」，這些囉唆的婦女們，不要多來往，包括像尼姑、道姑、修女，什麼做媒、算命的，巫婆神漢啊，像老鴇、走街串巷賣藥的、接生的，還有人販子，這些人不要來往，是非多。「婢美妾嬌，非閨房之福」，小祕啊，什麼外室啊，情人啊，越漂亮越糟糕，非閨房之福，非離婚不可。「童僕勿用俊美，妻妾切忌豔妝」，男傭人不要用漂亮的，怕太太們，小姐們靠不住。老婆、女傭人不要打扮得太漂亮了，等於海航陳峰說的，老師啊，我總公司辦公室沒有一個女的。因為不漂亮的不喜歡，用漂亮的又靠不住，所以我不用。我說對。「祖宗雖遠，祭祀不可不誠；子孫雖愚，經書不可不讀。居身務期簡樸，教子要有義方」。「居身」指自己本身，儘量的節省，樸實，不要浮華。對孩子的教育要有方法，按孩子天生的秉賦、興趣方向幫助他，但是要有分寸的。我說現在的家長都錯了，把自己達不到的目的，加在孩子身上，這是錯誤的，不懂義方。

「勿貪意外之財，莫飲過量之酒」，不要貪心，不勞而獲大多不是好事。酒並不是叫你不要喝，是不要過量。「與肩挑貿易，毋佔便宜」，小販賣東西，挑擔到門口，不要貪便宜斤斤計較了，人家沒有本事作老闆，作小販就是要賺錢。你說他騙我，就算騙，給他騙一下，他要回去養家嘛！「見窮苦親鄰，須多溫卹。刻薄成家，理無久享」，作人要厚道，多幫忙人家，尤其你們作大老闆，對你的職員刻薄，不會成功的，理無久享，會受報應的。「倫常乖舛，立見消亡」，比如對父母不孝順，很快就垮了。「兄弟叔姪，須分多潤寡」，要招呼兄弟姊妹，相互幫忙。「長幼內外，宜法肅辭嚴」，我是這樣唸哦！當年我讀書的時候朗誦的哦！是背的啊！

「聽婦言，乖骨肉，豈是丈夫」，聽太太的話，對父母、兄弟不起，不算男人。翻過來，太太們聽男人的話這樣做，也不算女英雄。「重貲財，薄父母，不成人子」，只看錢，不曉得孝順父母，他說那不算是人。「嫁女擇嘉婿，毋索重聘」，嫁女兒，就看對方男孩子好不好，不要看人家有沒有錢。「娶媳求淑女，勿計厚奩」，討一個媳婦，不要希望她娘家陪嫁多，要看女孩子好不好。

「見富貴而生諂容者，最可恥」，看到人家作官，有地位，有錢的，馬屁拍得很響。我當年在臺灣的時候，聽到一個華僑回來，人家叫我去跟他見個面，我說幹什麼？人家說僑領耶！我就笑，什麼僑領啊？華僑領袖。我說你怎麼知道？回來的都是僑褲襠，不是僑領。華僑有錢的不肯回來，誰都怕回來，嫌麻煩，叫那個跑腿的不相干的，你去吧！回來以後叫僑領，實際上都是僑褲襠。那麼有一次，人家請一個僑領回來，年紀大了，這個老頭子坐在上面，一邊吃飯一邊放屁，很失禮。旁邊的人，還是外交官：嗯！沒有味道，沒有臭味。這個老頭子僑領很不高興，因為他的觀念啊，老年人放屁沒有味道就快死了。他聽外交官那麼講很不高興。這個外交官懂了，過一陣子說：嗯！現在有一點味道了。「見富貴而生諂容者」，拍馬屁，最可恥。「遇貧窮而作驕態者，賤莫甚」，看到人家窮，看不起人，自己太下賤了。「居家戒爭訟，訟則終凶」，最好不要打官司，打官司兩方面都沒有好處。「處世戒多言，言多必失」，少講話。「勿恃勢力而凌逼孤寡，毋貪口腹而恣殺牲禽」，不要認為自己有錢，有地位，有勢力，欺負弱者。不要因為自己好吃，隨便殺生。「乖僻自是，悔誤必多」，個性太孤僻，或者太自以為是，你後悔和失誤一定多。「頹隳自甘，家道難成。狎暱惡少，久必受其累」，意志消沉，自甘墮落，等於敗家。不要交那些年輕的太保，小混混，現在卡拉OK裡，上海北京特別多，必然受他們拖累。

「屈志老成，急則可相依」，多跟人格成熟品行可靠的人往來，幫忙你成長，急難的時候可靠。多和老年人往來，可以學很多經驗學問，當然要好的老年人，像我們這些老年人最好不要往來（眾笑）。「輕聽發言，安知非人之譖愬，當忍耐三思」，隨便聽人家告訴你，哎喲！朱校長啊，李小姐講你不好。那是人家在挑撥你啊！所以不要隨便聽。「因事相爭，焉知非我之不是」，因為事情與人發生矛盾，不一定是別人的錯，首先要反省自己不對的地方。「施惠勿念，受恩莫忘」，這兩句話對我一生影響很深，都是佛家、儒家、道家的精神，幫忙了人家，好處給了人家，心裡記都不要記，要丟掉。受恩，得人家一點好處，要永遠記住。

「凡事當留餘地，得意不宜再往。人有喜慶，不可生妒嫉心」，作人做事要留餘地，好事、便宜不要多佔，多佔會有麻煩的，所謂「知足者富」。妒嫉別人有好事，看到這個人汽車比你好，哼！算什麼？就是妒嫉心。女的這個事情很多，對面看到個女人穿漂亮的衣服走過來，哼！就是妒嫉心，意思說，你算什麼？這容易，我等一下買一件給你看。「人有禍患，不可生喜幸心」，別人倒楣了，你心裡高興，好啊！這就錯了。

「善欲人見，不是真善」，做了好事，希望別人知道，可見動機不純善。不過好事壞事也很難講。「惡恐人知，便是大惡」，如果做了壞事很怕人家知道，這才可怕。「見色而起淫心，報在妻女」，講男孩子，女孩子也差不多，果報會應在親人身上。「匿怨而用暗箭，禍延子孫」，對人家心裡不服氣，暗箭傷人，偷偷地整人家，後代會受報應。

「家門和順，雖饔飧不繼，亦有餘歡」，一家團聚在一起和和順順的，就算沒有飯吃也是高興的。「國課早完，即囊橐無餘，自得至樂」，國家要稅，趕快繳，不要欠稅逃稅了，一逃稅最後受不了啊！連繳稅他都幫忙，哈！所以康熙皇帝怎麼會不提倡這個格言呢！儘管去讀吧！

最後他告訴我們「讀書志在聖賢」，讀書不是為了拿高薪，而是求學問，是以聖賢為榜樣和最高目標，並不是求聖賢的名，或者裝做道貌岸然的樣子。讀書不一定作官，萬一不幸而出來作官，則「為官心存君國」，既然出來作公務員，就要對老百姓負責，對社會國家負責。「安分守命，順時聽天。為人若此，庶乎近焉」，知道自己的本分，也懂得時間和形勢，盡本分之後聽天命，作人做到這樣，他說這才像一個人了。

這一篇文章是江蘇昆山人作的，影響中國這三四百年。你看中國知識分子讀的《古文觀止》《千家詩》《幼學瓊林》「三百千千」，不是人民大學哪位教授，還是哪個博士編的，沒有。所以我說你看中國幾千年文化，政府沒有花什麼錢，都是老百姓自己培養子弟出來，影響一個國家，影響整個時代，此其一。

第二，我前面給同學們開的這個書單，你們現在要讀這幾部書，如果你們將來想作個國務卿啊，想作個國家第一流的領導人，你先把中國文字讀好了，然後只要讀一部書《古今圖書集成》，這是康熙、雍正時期編的，他把中國文化幾千年，經濟歸經濟，政治歸政治，醫藥歸醫藥，都集中了資料，也被稱為《康熙百科全書》。你們去研究。

另外，影響中國文化很大的，還有《古文辭類纂》，這是安徽桐城姚鼐編的，這個是捷路哦！裡頭有很多東西。

再有一部，《經史百家雜鈔》，曾國藩編的，曾國藩並不以他的成功為滿足哦！他想在學術界超過古人，想超過桐城學派。所以他用自己一生的學問編了一套書，如果你拿來好好讀，你就把中國文化的精華都吸收了。我在書上曾提到曾國藩十三套學問，包括這一套《經史百家雜鈔》。

你們人民大學國學院把這幾套書一摸熟，我看未來中國就會在你們這一班人手上。可是，你們現在要好好去讀書了。

但是，讀這個書必須配合讀歷史。讀歷史怎麼走捷路？你不要讀司馬遷的《史記》，乃至中國全部歷史，更不要讀《資治通鑑》。我告訴你一個經驗，四五十年前，我在臺灣的時候，那時我是在白色恐怖之下哦！蔣介石先生是我的校長，固然對我很好，也隨時盯住注意我，尤其他太太宋美齡對我很反感，因為她要提倡基督教。我嘛！她把我打入是佛教裡頭最重要的人，所以她對我討厭極了，我也對她反感極了。所以你說我在臺灣，那個白色的恐怖，比你們的還可怕，不曉得哪一天，算不定我就沒有了，可是我也不在乎。

可是蔣經國後來更怕我。譬如說，有一次吃飯，海陸空總司令都是聽過我講課的學生，三星到四星上將，包括老輩子的，跟蔣介石一起的何應欽、顧祝同、蔣鼎文等人。我坐在上面，是個布衣，普通人，兩旁星光閃閃，都是上將、中將，這個太可怕了。前面一排憲兵，還有便衣在街上，兩邊一二十部的汽車。你說我不走行嗎？因此我一想，臺灣不能留，大陸也不能來，這裡毛悚悚，那邊蔣兮兮，我沒有辦法，只好就到美國去了。所以我也夠可憐的，今天坐在這裡也是惴惴不安，算不定人家不喜歡我坐，我又要走，不曉得到哪裡去好。你們有沒有一個國家可以給我溜去的？哈哈，這個人生……

可是當年這一班將領在研究什麼？閒著沒有事啊！讀《資治通鑑》而已。剛才叫你們讀歷史，不要研究這個。還有呢，這一班將領讀《貞觀政要》。我說那個《資治通鑑》你們不要研究啊！司馬光是寫給作皇帝的看的，《貞觀政要》呢，是魏徵寫給作領袖看的，你們不要研究了，你們再研究，我就沒位置坐了。但是這兩本呢，我勸你們也不研究，因為太精要了。

那麼，你讀歷史讀什麼呢？《綱鑑易知錄》，先把它讀會，這部書是一部中國通史，作者吳楚才，編過《古文觀止》，作私塾先生的。由《綱鑑易知錄》配合前面的幾部書，中國文化一定行了。我的書單也給你了，你們諸位從北京那麼遠來，非常對不起，我只能奉獻這一點。

此外，告訴你們注意，文化的基礎在文學，文學的基礎在詩詞。你們不是成立一個詩社嗎？你們詩社的大員在這裡嗎？（有學生起立：「在這裡，南先生！我叫陳斐。」）是你啊！請坐，請坐。

譬如我這十多年提倡兒童經典讀誦，結果好像政府跟著也編了這個書，而且開始時詩詞比重很大。我一聽也反對，我打個電話跟他們講，不要亂編，我編的書給孩子讀，是希望中國未來出大思想家，大政治家，大科學家。不是希望出一百個李白、一千個杜甫，沒有用啊！你們老是背詩詞有什麼用呢？當時我反對。

但是我今天告訴你，我也是一邊反對，一邊也贊成啊！文化的基礎在文學，文學的根在詩詞。你看我們這幾十年，開放發展到現在三十年，你再退回去五六十年當中，中國有哪一部白話小說可以流傳千古？有沒有？這是文化衰退了。

這位同學在人民大學成立了詩社，你們千萬不要變成酸不溜丟的詩人哦！可是詩非會不可。再給你們講一講詩，這是文學的基礎。

這樣吧，我們唸這個乾隆時代的清詩，清詩有時候比唐詩好，這位同學同意我的看法，他是我的同志，呵呵。但是你要好好學，對不起啊！我當眾說你，你有好辭，沒有好句子。有好句沒有好詩，少做，多讀，你就學會了。我看你相貌，將來了不起哦！將來算不定是一代才子。

哦？詩沒有印好，那先去複印，大家休息十分鐘，喝茶吃點心。

第四堂／內容提要

詩詞與文藝
玩索而有得
好小說中短命的愛情
帝王的詩才
詩人政治的代價
尾聲

講詩的問題，文學基礎是詩詞。我看到現在，已經發現，我們這個社會的年輕人，像你們這樣喜歡作古體詩的，許多地方都有。我看到這些年輕人作的詩，非常敬佩，他們沒有錢，印出來的書字很小，我看了很難過，很想幫忙這些年輕人，可是我不敢出手。我說我寫個信贊成，或者送他一點錢，可是自己就脫不了身了，又怕他們驕傲，所以就老滑頭了。

現在看到你們學校也成立詩社，最好不要輕易作詩。你多去看看《隨園詩話》，過去我們看《隨園詩話》，老輩子不贊成的，認為會學油了，學滑頭了。《隨園詩話》是主張性靈派，換句話主張作詩自由主義，他也有好詩。

作詩先學清詩。譬如我先提出來這一首詩，是張問陶的，四川人，乾隆時候一個名士，進士翰林。他與袁枚的詩才不同，很有個性的，而且他不大想作官。據說他是美男子，翰林院的好幾個同事進士，當他的面講，我來生變女人要嫁給你，當姨太太都可以。那時，這些人考取了進士，進了翰林院，交通不便，經濟也困難，太太乃至姨太太帶不出來啊，大家在那裡彼此欣賞才能，有時會互相開玩笑如同性戀一樣。其實，猶如男女朋友們之間，風流倜儻，互相嘲笑，隨時都有。不過，同性戀在古代也真的存在，叫男風，譬如有的太監和皇帝之間有時有這個情緒。我不是提倡這個啊，不過是研究古代一個現象。現在看他的詩，我們唸唸：

今古茫茫貉一丘　功名常笑爛羊頭
戲拈銀筆傳高士　醉擲金貂上酒樓
未老已沾秋氣味　有生如被夢勾留
此身可是無仙骨　石火光中鬧不休

「今古茫茫貉一丘」，你看他的才氣，否定了一切，古人，現在，皇帝也好，功成名就也好，包括我們，包括推翻了滿清，北洋軍閥到現在，多少英雄都埋在地下，同動物一樣埋在地下，叫一丘之貉。哪個企業家發財啊，哪個英雄了不起啊，結果是今古茫茫貉一丘。

「功名常笑爛羊頭」，他考取了翰林，全國名氣那麼大，官也作得不錯，自己笑自己算什麼老幾啊！「爛羊頭」是漢朝的典故了，比如說每個朝代開始的人，原來是殺豬的、殺羊的，後來都作了大官。

「戲拈銀筆傳高士，醉擲金貂上酒樓」，我們年輕的時候更喜歡這個。自己認為文才好，讀書人有三種筆，一支是金筆，黃金打的筆不輕易用，那是用來寫忠臣孝子的。至於德行精粹者，道德學問人品修養很高的，拿銀筆來寫。漂亮的文章，拿斑竹管筆寫了。他說自己的文章不輕易給大家寫的，「戲拈銀筆傳高士」，遊戲的戲，對於高士們，他眼睛裡還看不上。

自己風流瀟灑，沒有錢，上酒家喝完了酒，錢付不出來，把官帽上的黃金標誌拿來當，等於拿官階來當酒喝，當飯吃，這是要被處罰的，可是他不管。夠瀟灑吧！你要作詩人，就要瀟灑一點，不要那麼拘束（眾笑）。下面兩句厲害了。

「未老已沾秋氣味」，充分的哲學思想。他作這個詩的時候也不過中年，對繁華世界的一切已經看不起了。功名有，官也有，他都看不上了。未老已沾秋氣味，有一句成語叫「老氣横秋」，年齡只四十多歲，思想已經超過八九十，一百歲了。

「有生如被夢勾留」，這個人生，活著是一場夢啊！就是人生如夢這句話，很漂亮。

古人批評人說，這個年輕人老氣横秋，他把這一句變成詩的味道。第二句話人生如夢，你看他一變，這就是文學了。「未老已沾秋氣味」，你也有這個感覺對不對？「有生如被夢勾留」，人生是一場夢，他看通了。下面說他想學佛學道沒有找到好老師。

「此身可是無仙骨，石火光中鬧不休」，對於人生的感嘆，雖然有官做，名氣那麼大，又長得那麼漂亮，想學神仙成道，可是做不到。中國道家佛家都講過，若想修道成神仙，先問問自己有沒有仙骨。道家講「此身無有神仙骨，縱遇真仙莫浪求」，自己看看命運八字或骨頭，如果沒有仙骨，你碰到真仙也不要學，因為學不成，沒有這個本錢。所以他感嘆自己沒有仙骨，感嘆人生。

那麼，上面講「有生如被夢勾留」，下面講「石火光中鬧不休」，人生太短暫，幾十年的人生，等於石火光一樣，古人的打火機是石頭敲打出火來，一閃就熄滅了。他說我為什麼要出來作官？他很想回四川，回家裡。「此身可是無仙骨，石火光中鬧不休」，董事長啊，翰林啊什麼的，拚命在鬧，人生就是這麼一回事，我現在還在這裡鬧。

為什麼跟你們提這個呢？講到中國文學，教你懂了詩的韻味。你們學小說，學古文，朗誦慣了，你對於崑曲啊，京戲啊，也有感覺了，都是平仄音韻，一個字都沒有缺少的。所以這裡提一下詩，做個榜樣。

你們來信跟我討論，這個清詩你們也贊成了。對不起啊，我現在對這位同學，特別跟他講一下，也是給大家全體講。

現在提出兩個人的詩：錢謙益，吳梅村。吳梅村他名叫吳偉業，太倉人，在這一帶附近。這一帶是三吳文化。吳梅村很有名的，明朝亡國了，他沒有投降。最後到了順治的時候，非逼他出來不可。結果他只好出來了，去清朝做了祕書院侍講、國子監祭酒，到國子監作校長。這樣，吳梅村變成貳臣了，非常痛苦。他的詩很多，我從小很喜歡他的詩。可是他的詩用的典故很多，比如〈過淮陰有感〉：

登高悵望八公山　琪樹丹崖未可攀
莫想陰符遇黃石　好將鴻寶駐朱顏
浮生所欠唯一死　塵世無繇識九還
我本淮王舊雞犬　不隨仙去落人間

這一首詩是講什麼？滿清政府要他到北京來作官，他只好去了，他有家庭苦衷，不能自殺。他路過淮陰，淮陰是韓信的家鄉，現在改名叫淮安，八公山就在那一帶。八公山這個名字有故事的，漢代淮南王劉安學仙，有八位高人來幫忙，後來煉丹成功，白日飛升。他家的雞狗吃了剩下的丹藥，也升天了，雞犬升天的故事就是這樣來的。因為這八位高人，所以叫八公山。

「登高悵望八公山，琪樹丹崖未可攀」，這兩句話，說自己出來在路上，馬上要去投降報到了，心情很難過。古代讀書人，是不願意投降的，當時拒絕投降滿清的人很多，很多自殺的，他沒有自殺，心裡覺得太對不起明朝了。他看到八公山，很是感慨惆悵，「琪樹丹崖」，表示修道學仙，他說可惜我避世修仙做不到。

「莫想陰符遇黃石，好將鴻寶駐朱顏」，這兩句也都是用道家的典故。你看看，他講到「陰符遇黃石」，張良遇到黃石公，我們下午講到黃石公傳張良《素書》。他的意思，我不如張良，不能推翻你滿清，可是沒有講出來反動的話，巧妙在這裡，所以比唐詩難。「好將鴻寶駐朱顏」，羡慕返老還童之道，他身體健康，滿清政府不讓他在家裡健康，要他去作官。他說可惜我沒有死，下面講出來。

「浮生所欠唯一死」，我的生命最大的缺點，是當時沒有自殺，如果崇禎皇帝吊死，我也跟著吊死了，萬古留名，是個忠臣。像我們當年，在跟日本人作戰，帶兵的時候就想到這一句詩，準備上戰場就是死。書上印「浮生所欠只一死」，「只」字錯了，注意！因為「只」在這裡發音發不出來，

「唯」可做平聲讀，「只」是仄聲，平仄不對，書上印錯了，應該是「浮生所欠唯一死」。「塵世無繇識九還」，這個「繇」就是來由的「由」，他故意不用，用這個繇，瞞人家眼睛，意思說我的國家明朝已經亡了，現在是清朝，拿不回來了。修道的有九轉還丹，起死回生。

「我本淮王舊雞犬」，前面講了淮南王雞犬升天的故事。他說我是明朝的官啊！崇禎皇帝吊死了，我還活著，還要給人家抓去作官。「不隨仙去落人間」，不唸間（音兼），唸間（音甘）才押韻，唐韻。你看他多痛苦啊！他要罵清朝，又不能夠明著罵，可是不罵又不甘心。這個情緒轉折，變成一個很美的文學表達出來，所以才叫好詩。

吳梅村的詩很多，譬如那個有名的〈圓圓曲〉。唐朝白居易寫了〈長恨歌〉，批評了唐明皇跟楊貴妃。吳梅村寫了〈圓圓曲〉，批評吳三桂引滿清入關，「慟哭六軍俱縞素，沖冠一怒為紅顏」，那真是名句，的確很好，這個就是吳梅村的詩。

這個資料發給你是做什麼呢？因為你們是國學院的嘛！詩詞是重點。

你找這個《清詩評註》，民國初年出版過，我怕沒有了，叫老古公司印了保留，大陸現在有沒有出版不知道。你注意，這都是民國的註解哦！還有一本叫《宋元詩評註》。你找來這些書，給你們同學們走個捷路，一邊讀這個詩，一邊看下面的註解，你對歷史，對經史子集會懂很多，這是個偷巧的路線。

你們已經來不及了，都二十幾歲了，你們懂吧？像我下這個功夫，這些詩我能夠懂，是什麼年齡？十二歲。老實講我還沒有跟老師好好讀過書哦！讀書有一個經驗，孔子講研究《易經》「所樂而玩者」，用玩的啊！現在的教育我完全不贊成，把你們的腦袋從小給讀死了。你看我現在還懂得國學，我們小時候一天到晚在玩，什麼時間讀書啊？我是晚上讀書。我的父親晚上沒有事了，一把搖椅坐在我後面，我只好讀啊！像我讀詩「塵世無緣識九還」，我下面抽屜裡面看《紅樓夢》。父親在搖椅上搖，我曉得他停了，自己肚子一靠關上抽屜，「……識九還啊……」輕鬆讀出來的，是「玩索而有得」。像你們這樣讀死書怎麼行，都讀死了。所以我印這個給你們的目的，是教你們走捷路。你們年紀來不及，但是不讀也不行。像有個朋友講的：修行修行，越修越不行，可是不修也不行。哈哈。

那麼我十二歲怎麼會詩呢？因為喜歡詩。我那位老師，有名的詩人，學問很好，同鄉人，平常我叫他伯伯。暑假來，在我表哥家裡。我們寒暑假沒有休息哦！一定請一個有名的學者到家裡來，幾個同學湊起來補習的。這個補習，不是為了考試補習學校的功課，是為了自己的學問補習。我這位老師姓朱，他詩好。我十二歲，有些同學十七八了，我小不溜丟，到處跑來跑去，最受寵了。所以他們講學問，我在旁邊聽，都知道了。

有一天，他在房間唸詩，就是這樣唸，我這個調調就是他那裡來的。他摸著鬍子「……闌珊心事怯餘春呵……」好聽！我就在那裡聽，聽了半天，就過去了，「先生啊！」我們不叫老師，叫先生，「這個什麼詩啊？」「嗯？」他鬍子一摸，「是錢謙益的詩。……殘夢驚回一欠伸哪啊……」我說「這個好聽！先生啊！您讀得真好，好聽啊！您再讀吧！」我就在旁邊聽，懂了！我就會寫詩了，真的，然後我就寫給他看。

譬如我年輕時，十五歲不到，寫一首詩給他看，我的詩集上有。我那時在廟子裡讀書，我父親對我又愛又嚴格，我是獨子啊！沒有兄弟姊妹。過年不准我回家，就在廟子上讀書。廟子上不但只有一個和尚，還只有一盞琉璃燈，後面堆了四十口空棺材。可是空棺材也嚇死人啊！這個老和尚我叫他公公，姓南，是個跛子。他晚上唸經在前面「南無阿彌陀佛……」我在後面拉他衣服，「公公啊！你快一點，我怕鬼啊！」就是這樣一個環境。到了夜裡最痛快了，唸詩。我過個三天回家拿菜，我媽媽給我做好，我自己提上來，吃個三天再回去拿。

那一次，我作詩給老師看，秋天了，現在我還記得：

西風黃葉萬山秋　四顧蒼茫天地悠
獅子嶺頭迎曉日　彩雲飛過海東頭

「西風黃葉萬山秋」這一句寫好了，下一句還沒有寫，他說好詩！好詩！可惜啊！太衰老了！你年紀輕輕十幾歲的孩子，寫得這麼可憐。下面一句呢？

我說我的意思，「西風黃葉萬山秋」是我回家去拿菜回來，「四顧蒼茫天地悠」。我那個時候還沒有看過「念天地之悠悠，獨愴然而涕下」，我自發的「四顧蒼茫天地悠」。他摸著鬍子更搖頭：你怎麼搞的？好詩！可是太衰了。

其實年輕時作的詩，有句話叫詩讖。自己作的詩已經斷定自己的命運了。

但是下面兩句，他先不講話了，然後問，「你怎麼作的？」我住廟子讀書，我回去拿菜，「獅子嶺頭迎曉日」，天剛亮，太陽剛出來，我去拿菜回來，「彩雲飛過海東頭」。先生說：「好詩！就是太衰了。」結果我後來修道去了，然後到臺灣，臺灣是在海東。

這是講詩跟文，今天大概貢獻你們一點。

諸位同學啊！我不是偏向給他講詩，實際上是告訴大家，國學的基礎在文學，文學的基礎在詩詞、小說。如果你們寫出一部最好的小說，我一定大加獎勵，豈止獎勵，還要高價錢獎勵（眾笑）。你們能不能寫一部最好的小說呢？

現在有很多小說，但是最好的小說很難。譬如我年輕時，喜歡看倒楣電影，愛情小說都是倒楣小說，你看外國的《茶花女》，中國的《紅樓夢》《西廂記》《浮生六記》。你們沒有算啊！多少感情啊？多少年啊？你算算看。《紅樓夢》不到七八年，整個不到十年。《茶花女》不到一年兩年的愛情。好的愛情一定短命的，不短命不叫愛情。老了有什麼愛情啊？兩個人白頭到老，一點愛情都沒有，還討厭呢！老了以後，孩子長大了，用兩個電視機，背靠背，然後當面怎麼樣？「流淚眼對流淚眼，斷腸人對斷腸人」。

之所以講詩詞，大概意思不離文學。詩詞是朗誦了背來的。可是不要隨便作詩，要會詩不一定作詩。譬如講作詩，講到宋朝的趙匡胤，相對是南唐李後主嘛！李後主的詩詞，那好得沒有再好的了，可是你萬古也作不出來，他天生是皇帝，亡了國家，才有這個詩啊！「車如流水馬如龍，花月正春風」。他花的成本太大了。

可是李後主沒有投降以前，派了一個外交官，叫徐鉉，歷史上很有名的大才子，你們諸位還記得吧？派他去見趙匡胤。北宋定都在開封。趙匡胤軍人出身，南唐派了這個有名的學者來，同吳律師一樣，又是海歸留學回來，詩也好，文章也好。趙匡胤這個時候天下沒有完全統一啊！找誰接待呢？趙匡胤說我知道了，不要慌。他臨時找了一排衛兵，一看，有一個相貌堂堂，就是你！一個大字不認識，作臨時外交部長，接待南唐那個大使。所以徐鉉來了，給他一天到晚吃啊、喝啊，玩在一起。徐鉉提問題，他反正不懂，「好！喝酒。嗯！你說得有道理。吃菜！喝酒！」好了，這個徐鉉心裡想，哎唷！宋朝裡頭有人哪！你看這個外交部長，我跟他講了好幾天，很多國際上的道理，金融啊！貨幣啊！什麼都講，他從來是「好！對！喝酒。」不表態！這個學問大了。這是政治，趙匡胤一下就把他的氣焰打下去了。

然後徐鉉來見趙匡胤，趙匡胤說你是江南的才子哦！徐鉉說不敢當。趙匡胤說你的詩作得很好，我是當兵出身，不會詩，不過我也有兩句詩，我有一天帶兵出去，看到太陽，我就作了兩句詩，「未離海底千山黑」，太陽還沒出來，半夜，「才到天中萬國明」。

「哎呀！」徐鉉已經跪下來：「皇上，我們作不出來，這是作皇帝的詩」，這是皇帝的口氣，天生的。這也是詩讖。

朱元璋也不大認識字，他後來也會作詩，喜歡作對子。中國人過年門口喜歡貼對子，是朱元璋搞的。他過年偷偷出去，看到人家門口沒有對子，他就幫人家寫。到了理髮店一看，怎麼沒有對子啊？那個理髮師傅說，我沒有文化。朱元璋說，好了，筆拿來我寫，「毫末生意，頂上功夫」，寫得很好。

然後，他到了一個閹豬的人家，你怎麼沒有貼對子啊？這家人說我沒有文化！他問：你幹什麼的？閹豬的。他說，好，拿紙來我幫你寫，「雙手劈開生死路，一刀割斷是非根」。這是帝王詩，好詩不要用腦筋的。

好了，我也講完了，你們還有什麼問題？然後你們討論吧！國學要文學的底子。所以告訴大家要朗誦，要多讀書，不要讀死書，多看小說，多看亂七八糟的文章，學問就好了。

這裡很多詩人，你看我們那個孫先生，他的詩比我作得好，他到大學堂來玩，回去作了一首詩，寄來給我看，我就嚇住了，好像趙匡胤見到徐鉉一樣，我就嚇住了。真的，他的詩真好。好吧！大家再吃一點東西，大概是這樣。院長，我只好這樣交待了。（大家鼓掌）

同學問：徐鉉就是那個註釋《說文解字》的？

南師：對對！而且他問過趙匡胤一句話。我常說中國歷史上有幾個皇帝講了真話，一個是趙匡胤講了真話。徐鉉問趙匡胤：我南唐對你很好啊！很恭敬啊！我南唐給你年年進貢，歲歲來朝，像兒子孝敬父親一樣。趙匡胤說對啊！是啊！徐鉉說，那你為什麼一定要出兵打我？趙匡胤被問到了，講良心話，沒有理由。有一個理由，他說實話了：「臥榻之側，豈容他人鼾睡邪！」我在床上睡覺，有人在我旁邊打鼾，格老子不殺了他行嗎？這是真話，就是這個理由。

所以徐鉉回去什麼都不能講，宋要出兵打，要麼你李後主出來投降。李後主就是笨，浙江的錢俶就是高明，他先投降了。所以杭州有個保俶塔，為什麼叫保俶塔呢？杭州人說的有個嫂嫂給叔叔修的。不要亂講，這是老百姓給錢鏐的孫子錢俶修的，因為他深得民心。他先投降宋朝，免了戰火。李後主早一點去投降，一點事都沒有；他犟起來偏不去投降，還在作詩呢！最後被俘虜。

你要讀歷史哦！你們讀古文，中國軍人最厚道的大將，宋朝大元帥曹彬，打下了天下絕對不輕易殺人，所以曹彬的後代出賢德的皇后，還出神仙，有一個孫女曹文逸修道成仙了。

曹彬奉命攻打南唐，臨出發前，趙匡胤囑咐他，南下征戰，不要掠奪老百姓，要使大宋的威信廣泛流傳，使人們自動歸服。攻下南唐首都江寧（南京）之後，不可殺人劫財，如果實在做不到，也千萬要保護李後主一家人。又給他尚方寶劍節制部下，不聽命的，副帥都可以殺，當時副帥是潘美，大家聽了都很小心。

打下江寧（南京）前兩天，曹彬裝病，大家來看他，他說，我的病不是藥能夠治好的，如果諸位答應我，而且要發誓，破城之後，不妄殺一人，我的病就可以好。大家只好發誓。結果第三天打下南京，沒有殺人，沒有搶錢。曹彬對李煜一家人敬若上賓，很尊重，很客氣，那麼厚道！南唐後主李煜跟他在南京上船，曹彬一路護送李煜到汴梁（開封），親自保護他，這些兵誰也不敢搶。

所以李後主坐在船上，後來作的那個詩才可憐啊！

雲籠遠岫愁千片　雨打歸舟淚萬行
兄弟四人三百口　不堪閒坐細思量

「雲籠遠岫愁千片，雨打歸舟淚萬行」，這個心情很難過，無限的惆悵、悔恨、恐懼。這可不是「車如流水馬如龍，花月正春風」啊！「兄弟四人三百口，不堪閒坐細思量」，這麼多眷屬，不曉得前途如何，或者到開封被殺啊？心裡很是憂慮、難過。可是趙匡胤沒有把他怎麼樣，還封了官給他，善待他一家。趙匡胤等到李後主來投降，他就笑了，你要是拿作詩的時間來好好搞政治，也不會到我前面來了。

怎麼最後給你們講起詩來了呢？這樣亂七八糟，對不起啊，院長！

孫院長：非常感謝！

南師：什麼感謝，不要客氣了。我還不曉得他這個詩社的人也來了，呵呵。

孫院長：他是新風雅詩社的發起人陳斐。陳斐，今天南懷瑾先生專題講座，你應該好好寫一篇求學記才對。

陳斐：我想說幾句感謝話。

孫院長：講吧！講吧！

南師：你站起來說嘛！大聲說，說你的，發揮你的，作詩人嘛！要有氣魄，不要說恭維話。

陳斐：我今天聽南先生談吳梅村和錢謙益的詩，獲益匪淺。尤其剛剛談的微言大義，我自己讀過三四遍也沒有讀出來，特別感謝！這裡南先生對我們詩社的教導，內涵我已經領悟到，就是作為一個詩人，不僅僅要吟風頌月，而且要關心時事，就是要發揚「為生民立命，為萬世開太平」的精神。

我們詩社自發起以來，得到了國學院、學校領導的大力支持，還有海內外，南先生、馮其庸先生、葉嘉瑩先生的大力支持。我們將在二十九號晚上的時候，舉辦一個成立儀式，我想在座各位有時間的話，請光臨指導。

我們詩社的宗旨就是「切磋詩藝，交流情感，砥礪操守，宏揚正氣」。詩藝的切磋只是一個方面，更重要的是砥礪操守，宏揚正氣，為中華民族文化的復興，做出我們自己的貢獻。我自己覺得，現在經濟的全球化，實際上發達國家憑藉著他們政治經濟的這種優勢，來推廣他們的文化，這是西方文化和價值觀念的普遍化，我覺得是這樣。

「五四」運動有一種反彈，提倡把傳統文化打倒以後，我們關注的價值只關注了富強這一個層面，對於人的精神和文化有所忽視。等到我們今天真正富起來以後，我們發現，我們的傳統哪兒去了？就算把我們所有的地方，建設成美國紐約這樣的大都市，但是我們說的是ENGLISH，吃的是麥當勞，穿的是西服，看的是美國大片、韓國的連續劇、日本的動漫，我們中國人還是炎黃子孫嗎？歷史上，因為戰爭或自然災害而滅絕的民族是很少的。但是因為一種文化被另一種文化覆蓋，這個民族完全消失了，這是很多的，這是歷史的經驗教訓。我想，我們在座的各位，雖然專業和職業是不一樣的，但我們都是炎黃子孫。就像我們大家站在一個地球上，在不同的緯度向前跑，曹雪芹的路線和比爾·蓋茲的路線是不一樣的。

好了，我不多浪費大家時間了。希望大家多多關注國學院，多多關注我們新風雅詩社，謝謝！

南師：好，好，今天就到這裡吧。大家各聽自由了。

大眾：謝謝老師！

南師：謝謝！大家平安！

三

漫談中國文化與金融問題

時間：二〇〇七年十二月十五日

聽眾：中國銀行業監督管理委員會全國代表共二百餘人

第一堂

/內容提要

緣起
不虞之譽　求全之毀
北伐與南伐
翻譯問題大
西方、東方和人類的經濟學
吃飯大如天的農業
自己的金融、法律體系
求索而迷惘的百年
票號、錢莊、銀行與糧食、金銀、鈔票、卡

郭利根先生（中國銀監會副主席）：尊敬的南老，今天我們非常高興地來到太湖大學堂，請到南懷瑾老先生給我們講課。本來，劉明康主席是準備親自來主持這個講座，由於工作的原因，他不能來，特別委託我向南老先生致意，並帶來了親筆信。我們也特別感謝海航董事長陳峰先生的大力幫助。

南老先生是貫通東西文化，學識淵博的國學大師，在海內外都享有盛名，他的情況不用我太多的介紹。南老給我們講課，這是我們金融系統思想文化教育工作中一大盛事，更是我們諸位莫大的榮幸。我們準備了一件小禮物，藉以表達我們對南老先生的敬意和感激之情！（郭副主席代表學員送禮物給南老師）

南師：非常感謝！

郭副主席：下面，讓我們用學生對老師特有的掌聲，歡迎南老先生給我們講課。

南師：諸位，非常抱歉！剛才郭副主席講我學問如何如何好，那都是假的。我經常提到孟子說的兩句話，一個人活著，有時候有「不虞之譽，求全之毀」，這兩句話諸位也要留意。任何一個人活在世界上，有時候虛名是莫名其妙的，講你好的，並不是那麼好，「不虞」就是想不到的，想不到的恭維，叫「不虞之譽」。「求全之毀」，一般人活在世界上，要求別人都很嚴格的。這個世界上的人很奇怪，手裡都拿一把尺子專門量人家，夠高嗎？矮嗎？胖嗎？瘦嗎？從來不會反過來量自己的，所以人對人有「求全之毀」，求全責備。這兩句話是聖人之言，我們中國古代的聖人孟子的話，我經常深深感覺到有這個道理。

我經常告訴諸位朋友，在社會上做事情，攻擊人家犯罪的就是兩件事，一個是男女關係，一個是錢。說你貪污多少錢，跟哪個女人有關係，那個女人跟那個男人，這兩件事很難求證的。你說這個女的同這個男的沒有關係，他說「你怎麼知道？這個東西是兩個人悄悄幹的事，沒有辦法證明的。」你說他沒有拿錢，他說「你也不知道，他悄悄給他的。」所以這個很麻煩。活到這個世界上，尤其你們做金融業務的，更要小心了，一個男女，一個錢財。這是講到「不虞之譽，求全之毀」這兩句話。

我說這個話的意思是說明，剛才郭副主席講我怎麼樣了不起，都是過分的話，那是大家愛護我，我只是一個年紀大，頑固的，喜歡中國文化的一個老頭子。

平常我對於自己的評價，我講了很多次了，不過你們沒有聽過，我講我一輩子，今年活到九十歲，再過一個月，大概不死就九十一了，我「一無所長，一無是處」，是這麼一個人。孔子講「鄉原，德之賊也」（《論語‧陽貨》），什麼叫鄉原？鄉巴佬，這個人規規矩矩，各方面都講他好。孔子就罵他，你啊，德之賊也。看起來很有道德，很有學問，實際上沒有東西，虛的。「子曰：幼而不孫弟，長而無述焉，老而不死，是為賊，以杖叩其脛」（《論語‧憲問》），孔子用手棍打他的腿，像你這個老傢伙……所以我們這些老了的人就是賊。這是首先要聲明的。

這一次不是講課，剛才郭副主席對大家講說我講課，不對的，是跟大家來閒談，講個故事給大家聽。

這一次事情發生的原因，就是我們這一位老同學，老朋友，陳峰先生，他搞了個「海航」，做得不錯，他算是老學生了吧，也是我的老朋友，不過我經常罵他的。我們這裡有好幾位同學都說我脾氣壞，經常罵他，因為我常講他年輕不懂事。可是講句實際的話，他是我的幾位「言聽計從」朋友學生裡頭的一位。我講什麼他就聽，告訴他們怎麼做，他也照辦。我說陳峰啊，你當年沒有錢，能夠弄到這個航空公司，我說你「騙」來的，但是你「騙」得好。世界上都是騙的，可是你成功了，現在要跳出「海航」變成全國的航空公司。結果他聽我的話，努力了四五年，現在變成大新華航空控股公司了，全國性的，這是一點。同時我告訴他，你不要光做民航，中國缺乏的是空中的貨運。我說我找一個朋友來幫忙你搞空中貨運，他聽了照辦，也辦好了。當年他飛機也沒有，不到一兩年，有了，發展很快，現在空中貨運也開始了。

上個月，他突然打電話給我，他說有一位先生你知道嗎？我說誰啊？劉明康先生。我說久仰大名，幹什麼的？好像管金融的吧。他就告訴我是銀監會的主席。我說久仰了，什麼事啊？他說他想請您講點話，講課吧！

陳峰我經常罵他，經常開他玩笑的，我說好吧！人家既然找到你，就答應吧！當時講話的確是無意的，因為我正在忙事情，一邊在做事，一邊拿到電話就這樣答覆他。他一聽就說謝了，就認真起來了。這件事是這樣來的，對不起，開玩笑來的。所以勞駕諸位從各地遠道而來，非常抱歉，請大家原諒，我這是開玩笑來的。

那麼同時，我一看名冊，你們在座的，都是中國當今了不起的人才，嚇住我了。講銀行、金融、經濟，我通通外行，什麼都不知道，這怎麼講話？他們說講中國文化吧。

對了，我說把上個月對人民大學講中國文化課的記錄印給大家，諸位都有了嗎？（答：有）好，上個月，人民大學國學院的師生來過。現在有個風氣很奇怪，每個大學都講國學。我說請問你什麼叫國學？我也不懂。還有中國文化，甚至講中國文化特色。我說中國文化的含義究竟是什麼？你簡單兩句答覆我，我想幾乎沒有人答得出來。如果說中國文化就是孔子、孟子、儒家，完全錯了。中國文化諸子百家那麼多啊！孔孟之道代表個人修養是可以，完全代表中國文化是不可以的。

那麼，國學又是怎麼來的？推翻滿清以後，民國初期開始才有國學這個名稱。我說這個名稱也有問題，中國人說這是我的國學，英國人講他們的國學，德國人講德國的國學，究竟國學是個什麼東西？

人民大學的紀校長為了這個，創辦了一個國學院，挨了大家的批評，很痛苦，但他還是辦了，不過據說現在國學院很熱門。辦了以後，他要我到北京，我這個人老了，哪裡都不去，最後只有勞駕他們趕來。上個月他們帶領博士班的學生同老師們在這裡，我講了國學與中國文化的問題。

你們銀監會的劉主席要我講這個問題，我說不需要重講，所以我讓他們發了給人民大學講話的記錄，那裡面講了一點點國學方面的問題，給諸位做一個參考，甚至給我一個指點。

我們長話短說。這一次來，除了你們這班金融界的英才以外，聽說還有些人，我的老朋友「皇甫平」也在吧，這位周瑞金先生，我說一九八九年後，能夠繼續改革開放，他是第一功臣。當年講姓資的也好，姓社的也好，爭論走資本主義路線、社會主義路線的時候，鄧小平先生還在，很難下結論的時候，他敢於帶頭站出來寫篇文章，影響很大。他當年是準備挨鬥的。我說你這個讀書人，老朋友，有膽識，很有功勞，他今天也在這裡。聽說還有大哲學家周國平先生也在這裡。這些老前輩們，我都要請大家原諒，給我一點指教。

我今天想在這很短的時間裡，講故事給大家聽。你們諸位是搞金融的，我常常在談中國文化時提到「經濟」，「經濟」這個辭語，我一直到現在心裡不舒服，從年輕就開始了。

諸位要知道，我們推翻滿清以後到現在為止，九十六年，再過一個月以後是九十七年。當年我的老師輩，都是前清的遺老，有功名，起碼是舉人，有些是進士，作過官的。我長大一點，正是北伐階段，他們這些老前輩都笑，你們年輕人亂聽這些，書不好好讀，什麼開始北伐！軍事是北伐，政治是南伐。

我們當時小，老師講話是坐著，我是站著的，背書也站著，不像現在，以後慢慢改了，上課是學生們坐著，老師站著。將來時代學生們躺著，大概

老師們要跪著。這個時代的變化……（眾笑）

當時老先生們這樣一講，我們就不敢說話了。在那裡我的年紀比較輕，我就問老師，那個時候不叫老師，叫先生。先生啊！怎麼叫「軍事北伐，政治南伐？」他說，你看，這些革命黨（所謂革命黨包括了國民黨、共產黨，其他的一切黨派），他們懂什麼？作官做事什麼都沒有經驗，拿到政權以後，用的都是滿清的遺老、遺少，一切的規矩都沒有變動，只是表面做得很好，實際沒有內容。

當時他這樣講，現在我回想，好像九十年來都是這樣，還是一樣道理。包括我們共產黨成立中國以後，新建立的政權到現在，這些情形同當年幾乎沒有什麼兩樣，道理是一樣的。而且，中間雖然對中國文化那麼嚴重的整頓，對中國文化壞的一面並沒有去掉，這是個什麼道理？是文化問題嗎？人性問題嗎？我們這裡有哲學大師們，好幾位都在，值得研究。現在這個問題扯開就大了，關於政治、哲學、教育都有，很多的問題。

我們回過來還是講本身的問題，剛才提到「經濟」，我常說，我們很多翻譯的名稱是二手貨，西方文化變成中國文化，很多名稱沒有自己翻譯，日本人是用漢文，用中國文字，日本人先接手翻譯的。譬如說智慧之學，我們中國人叫「慧學」，日本人翻成「哲學」。當我到臺灣以後，一聽閩南語的發音，哲學叫做「鐵盒」，我們浙江人一聽「鐵盒」，鐵的盒子啊！實際他是用「哲學」兩個字。可是「慧學」給日本人一翻「哲學」，我們用到現在還是「哲學」。

再譬如說「經濟」，我就嚴重地反對，中國講「經濟」，在中國文化裡頭很嚴重啊！是經綸濟世的意思，大政治家，大文化家，這個叫「經濟」。我們常說中國古人的對聯，「文章西漢兩司馬，經濟南陽一臥龍」，那個「經濟」不是現在這個「經濟」。他講寫文章文學，西漢一個司馬遷作《史記》，一個司馬相如文學第一，所以「文章西漢兩司馬」。「經濟」，中國經綸濟世之才，赤手空拳打下來天下，建立一個政權而萬古留名的，很好的榜樣只有諸葛亮一個人，所以叫「經濟南陽一臥龍」，臥龍先生就是諸葛亮。這是中國人由魏晉南北朝，唐宋元明清，一直到現在都是這個觀念。所以日本人把管財經的問題叫經濟，這是很好笑的事。現在一提到經濟就想到管鈔票，要錢，這個文化問題很嚴重。

所以我們有一個遺憾，把西方文化翻到中國來，從來沒有做統一的翻譯，包括自然科學。我們國家從滿清末期開始翻譯西方文化，滿清同治年間，成立了「同文館」，這是國家翻譯院。可是到現在呢？不管自然科學、人文科學，一切翻譯都沒有統一。

講到同你們工作有關係的經濟，這裡一位李慈雄博士，是我的老學生，比陳峰資格還老，他也是同學裡頭言聽計從的一個人，他是史丹福大學的博士。我在美國的時候，他正在世界銀行做事，我說慈雄啊！這個不能做了，你馬上就辭了吧。他地位很好，拿高薪的。我說，我看了美國，不行，遇到問題第一個開除的，一定是東方人，而且是中國人，你趕快辭掉，在你巔峰的時候、最好的時候辭掉。他說，老師，我也想辭，辭掉到哪裡？我說回大陸去。他很難，他是臺灣人，美國留學的博士，岳父蕭政之中將，政治部主任，曾經是反共的主將，他這三個身份都很難去大陸。他說老師讓我到大陸幹什麼？我說，到上海去發展，中國需要人，經濟發展這一方面你是專家。他在我面前站不到一分鐘，說，老師叫我到哪裡，我就去哪裡，就一句話。然後他到上海辦企業，現在叫斯米克公司，股票也上市了。

當時他在史丹福大學時，學校裡有個經濟學的名教授，與他談中國文化，他說他中國的老師是南某人，他說南老師批評我們學經濟。因為我說世界上的經濟學家，歐美的經濟學家，是強盜的經濟學家，都是為一個國家，一個觀點，寫了許多經濟學的書。你們學經濟不要亂跟他們。從《原富論》開始，通通不對。沒有一個學者，研究全體人類的經濟學，馬克思有一點像，還不完全，他在那個時代還看不清楚。任何一個學問，我們中國人有一句土話，叫做「麻子上臺階」，一個麻子上了臺階，群眾觀點，一個人看一點。整個麻子臉，哪個洞在哪裡都搞不清楚。世界上所有的經濟學，都是這樣。實際做國際大生意的，影響了整個世界，他們對全人類究竟是怎麼個影響，今天乃至以後的全人類，究竟應該怎麼樣生存生活，沒有人研究，這是很嚴重的大問題。

那麼，請問中國原來有沒有現在所謂的「經濟學」？沒有。這是十九世紀以後過來的。譬如說，我們抗戰以前，學經濟學的沒有幾個人，某人在外國留學，學經濟回來，好像很不得了。

那麼，中國到底有沒有自己的經濟學？有！我今天特別帶來，這是康熙雍正時代整理的《古今圖書集成》，恐怕你們圖書館沒有，它把幾千年的財經一切內容的要點包括在裡面。所以康熙雍正時期對中國文化，很對得起。

經濟學，在中國過去叫什麼呢？叫「食貨」。中國人過去是重儒輕商，看不起商業。司馬遷寫《史記》，他寫了一篇〈貨殖列傳〉，一篇〈平準書〉。後來班固寫《漢書》，在史記〈平準書〉〈貨殖列傳〉的基礎上，他寫了〈食貨志〉。

你看「貨」字，為什麼用這個字呢？這就要研究中國字了，不認識中國字的話，你中國文化講不通的。「貨」是「化」下面加個寶貝的「貝」。貝是什麼？我們上古貨幣是用貝殼的，最初商朝、周朝以前的貨幣是貝殼，後來慢慢變成用其他的貨幣。「貨」是化貝，包含了物品交換和貨幣貿易的內容。「貿」字上面是「卯」，下面是「貝」，早晨五六點鐘卯時，在集市上買賣交換物品。「易」上面是「日」，下面是「月」，日月每天輪轉更替，包含交換、交易的意思。

由「貨」字，談到貨幣學。我常問學經濟的同學，我說古今中外每個國家，每個社會，貨幣一定會通貨膨脹，每個時代都會通貨膨脹，而且每個新時代會把貨幣變了，這是為什麼？這是一個經濟哲學的問題了。貨幣為什麼一定會變？譬如剛才講到「貨」字，是變化的化下面是一個寶貝的貝，有財富變更變化的意思。所以司馬遷第一個提出來商業的哲學，寫了一篇〈貨殖列傳〉。中間有兩句話很重要，「天下熙熙皆為利來，天下壤壤皆為利往」，一切學問道德抵不住一個錢，一個利。利之所在，拚命苦幹，命不要就是為了這個利。人家說司馬遷是歷史學家，我說你們不要搞錯了，司馬遷是一個歷史哲學家，他走道家的路線，他為人類開了一條路。

司馬遷以後，班固寫《漢書》，走司馬遷的路線，但是改了，把這個叫〈食貨志〉。我抽出來這部《古今圖書集成》裡面的〈食貨典〉，把五千年農業社會的經濟，稅務的收入，國家財政的配給，商業的行為，政策的安排，都收錄在其中。只是可憐我們中國人自己，這一百年當中，有幾個學者回轉來研究研究自己的經濟學？

換句話說，我們講銀行，銀行怎麼來的？我等一下講外行話給大家聽。可是今天所有的銀行，沒有研究過中國文化特色的銀行應該怎麼樣。

《漢書》上的〈食貨志〉，食貨，包括了農工商業，有人把「食」歸納為農業，把「貨」歸為工商業。一切經濟第一是農業，第二是工業，第三是商業，包括財貨的流通。至於現在什麼股票啊！期貨啊！金融衍生產品啊！真是泡沫，花哨得不得了，迷惑了人，當然啦！有人喜歡這樣，可以混水摸魚了。

現在第一重要的農業經濟，基礎都是問題，沒有搞好，糧食問題馬上出來。可是大家吃的用的又在嚴重浪費！我們的國家幾千年以農立國，「吃飯大如天」，農業經濟如何能真的建立起來，把儉樸的生活習慣重新恢復起來，免除後顧之憂，也是一個大問題。我這是外行人向諸位內行做一個報告。

中國的〈食貨志〉，一直到清朝的資料都有，好像誰都沒有研究。就像我批評學法律的一樣，你們學法律只走兩個系統，一個是海洋系統，一個是大陸系統。一個走英美路線，一個走歐洲的路線，都研究得很好，把外國的法律搬到中國來，日本也是這樣。可是，你們有沒有深入研究中國的法律系統？從秦始皇開始以後，漢代四百年用的是秦法，漢朝以後改了，慢慢地改，改到現在。唐朝的法律全套都在，明朝的全套法律也在，清朝的法律全套也在。你們學法律的，制訂法律的，有沒有全研究？沒有！這是我們文化很奇怪的地方。

所以我特別搬這套書來給大家講一下，我們如何建立一個自己中國文化特色的銀行系統，這真是一個問題，我第一段先講到這裡。

但是再三聲明，我是不懂的啊！我完全外行，現在依我親身所知道的，所看到的，告訴大家，這些都很值得思索反省。

道家有一本書，很多人沒有看到過，叫做《鶡冠子》，是隱士神仙之流寫的。我們學軍事出身的，喜歡帶兵打仗，研究軍事的書也讀，研究政治的書也讀。《鶡冠子》裡頭有一句話：「中河失船，一壺千金。貴賤無常，時使物然」。

「貴賤無常」，這四個字包含很多了，一個人生也好，一個東西也好，值錢不值錢，有沒有價值，這是貴賤的問題了。「無常」，沒有定律的，會變化的。「時使物然」，時間跟趨勢使其如此，社會的演變，時代的演變，環境的變化，產生這個作用。注意哦！中國文化只有八個字，「貴賤無常，時使物然」，如果寫成經濟學、金融學、貨幣學，起碼二十萬字的書了。

上面還有句話「中河失船，一壺千金」，這是中國文化，你們特別注意！你們這一次來，我送你們這幾句話，回去反覆研究。怎麼叫「中河失船，一壺千金」，一隻大船開出去，到了河中間，船壞了，要沉了，這很嚴重，所有船上的生命財產都會沒有了。這個時候什麼最貴呢？一個葫蘆，「一壺千金」，一億價錢都值，要救命啊！船沒有了，抱著那個葫蘆，有浮力，人就死不了。

所以我覺得我們國家，經濟、財經，包括金融、銀行，自己要研究研究，建立自己的體系是非常重要的，不要被人家牽著鼻子走。我是亂講的啊！不過講課的時候放言高論，提醒大家要注意這個。我們這個時代走到了大河中間，中外文化也走到大河中間了。

最近我也看到很流行的一本書《貨幣戰爭》，當然我也沒有時間看，同學們看了會跟我講。他們最近經常在討論，有對有不對，這一本書影響蠻大的。當然有些同學是反對的，有些是贊成的，因為我這些同學們學經濟的也很多，搞財經的有好幾位在這裡，有幾個是頑固的左派經濟份子。我說你們不要爭，任何一點，「麻子上臺階，各有各的觀點」。他的提醒沒有錯，問題是我們自己要準備好，不要中河失船。萬一船漏了，這個時候有一個什麼辦法，能夠救起來這個時代，救起來自己國家民族的政治。政治包含了經濟、文化在內，是很重要的。這是第二段的報告。

我開始說，我講故事給你們聽，現在故事還沒有開始，剛才這些都是空話。為了節省時間，現在趕快回過來講我們的故事。

我們研究中國經濟，文化與經濟是相關的。有些人不太好批評中西文化，我說我還差不多勉強可以批評。有些人講，你這位老先生專門讀中國書的，你懂什麼外國啊？我說對不起，我歐美都去過，而且都住過。我還批評中國的留學生，我說這一百多年以來，都是壞在留學生手上，當年滿清末年的留學生，被注重的是德日派的，德國留學的，日本留學的，重用！抗戰前後，第二次大戰時，慢慢注重英美派的留學生了。到共產黨統一中國這個階段，初期都是注重蘇聯的留學生；一九八九年以後，一下翻過來，用美國留學生。

我在美國的那個階段，正是中國改革開放的初期，當時好幾位菁英都在美國，都到我那裡吃飯。我在美國還是一樣的上課，給他們講中國未來前途的問題，我說你們趕快回去幫忙祖國，不要在這裡。當時講到經濟的問題，比現在還嚴重。

當時我在美國跟他們講，我說十六世紀以前，美國跟歐洲夠不上談經濟，窮得很。世界上只有一個國家最富有，從元朝馬可波羅回去以後，告訴你們東方有這麼一個國家，你們認為他是瞎說。後來到了十九世紀，你們英國人做海盜去打劫，你們的白銀財產哪裡來？搶印度、騙中國來的，現在才有那麼多錢，你們發達了，富有了。我告訴你們，中國不在乎！

我到了美國以後，我罵留學生們，你們在國外留學，在大學的學生宿舍裡，每天吃漢堡，吃兩個麵包，外面上中下社會的朋友都沒有，白宮的門口都只看一看，進也進不去。你們懂什麼啊？然後三年五年回去，哎唷！講外國怎麼好，外國的月亮怎麼大，看不起自己。因為我在那裡，他們會請我到白宮去，他們的財政部長會來看我，交了很多朋友，也到處看了很多。歐洲我也去看過住過。

那麼，我們的文化，是從德日派留學生開始學壞的，後來是英美派，尤其一九八九年以後，開始學習美國，注重英美一直到現在。現在好像全體是崇尚美國派的，這都是問題。

可是，你不要聽錯了，我並不是反對外國文化，外國文化必須要知道，同時一定要了解我們自己的文化，做到知己知彼。可是一百多年來，戰亂加上內亂，中國人對這兩方面文化，都沒有真正深入了解，常常是脫離實際，忘記什麼是基本，捨本逐末，被一些莫名其妙的概念、知識迷惑了。

十九世紀中葉，我們從太平天國講起，在這個時候，中國發生變亂，然後外國人來了，火燒圓明園，咸豐逃到熱河去了，八國聯軍進來，搶了多少東西？賠了多少錢？然後甲午戰爭，這一路下來，這個帳算算，多少錢啊！這裡賠款，那裡花錢，那裡打敗仗，處處沒有錢。

可是，推翻滿清以後，民國開始，一直到我十一二歲的時候，我沒有看過鈔票哦！用的還是銀洋，那個時候有墨西哥的銀洋，有中國製造的銀洋，後來你們叫「袁大頭」，袁世凱的像在上面。一塊銀洋換十角或十二角。一角我們南方人叫一毛錢。一毛錢換三十個銅板，一個銅板換一個雞蛋。像我身上穿的這個料子，現在是做西裝的料子，如果那個時候，用英國料子做西裝，最貴最貴不到七塊錢。那個時候，你們銀行家的待遇高了，起碼五百塊錢一個月，不得了。五六十塊錢，回到鄉下窮苦的地區，買一畝田足足有餘。

那麼，清末那樣的賠款，那樣多的錢向外流，為什麼在我們那個階段還有那麼多的錢呢？是借款來的。軍閥彼此爭權，這個時候的借款，什麼從日本，從外國銀行借款，還沒有開始，正要開始。那麼，從哪裡借款呢？從民間。

中國第一個銀行是盛宣懷開始的中國通商銀行，官民合辦的，後來有戶部銀行、大清銀行。要研究銀行問題，我們必須要有個了解，銀行還沒有開始以前，靠什麼？靠票號、錢莊。山西開始的，後來尤其在上海，金融市場繁盛，一些買辦開了很多錢莊，由票號、當鋪變成了錢莊。我認識的老前輩，做錢莊、銀行的蠻多的。做錢莊的很有風度，很有風格，很了不起。一個錢莊也是小銀行了，最多用十幾個人，沒有那麼多人，規規矩矩用得非常好。

我還講一個笑話給大家聽，我的習慣，我到現在還不相信銀行，因為我家裡給銀行倒過的。北伐的部隊打到浙江的時候，好了，浙江孫傳芳的部隊一垮以後，我們存在銀行的錢都沒有了！所以我到現在還不信任銀行。

第二，我說我到現在還不願意用支票和卡。其實我在海外，到處銀行給我送這個卡、那個卡，我通通不要，你給我拿回去，我才不給你卡呢！給你卡住幹什麼？我到現在還用現金，可是現在還不會數鈔票，這個同我的家世有關係。我從小用錢是一把抓的，不數，因為我是獨子，用慣了。我到現在不用舊鈔票，太髒了，這個摸過，那個摸過，所以用錢要換新鈔票。可是數新鈔票最難數，兩張數成一張，所以我到外面買東西一拿出鈔票來，旁邊同學一手就抓走，給我數。不然有時候多給人家或少給了，我實在搞不清楚。

那麼我出門的時候也不相信鈔票，也不相信錢，不相信銀行，相信黃金，為什麼？一個老規矩，我從小出門，都是祖母打黃金的戒指好幾個給我，一錢份量，很小，耳環一樣，拿個袋子裝，叫我拴在腰上。我一邊心領，眼睛瞪著她，為什麼要這樣？她說，孩子啊！注意，這是救命的錢哦！不准隨便用哦！在外面萬一碰到困難的時候，黃金都不能當飯吃的啊！你拿出一個戒指給人家，可能換兩個饅頭，還可以救命，救急救命用，記住！

後來真碰到了這種事。我在抗戰的時候，到了貴州邊上，看到日本飛機晝夜在轟炸，你剛準備出來，飛機又來了，晝夜轟炸兩三天。我看到在對面那個地方，上海逃來的一家人，兩三天沒有飯吃，看到貴州一個鄉下人在吃玉米，也叫包穀。那個上海人從口袋裡拿出一兩黃金，方的，很漂亮，給這個鄉下人看。「哦！這是什麼東西？很好看」，他一邊吃玉米，一邊拿來看。「這是黃金。」「唉喲！黃金，只聽過，一輩子沒看過」。一兩黃金，看了半天還給他。那上海人說：「不是看耶！我這一兩黃金跟你換這個包穀吃。」「哦？那個，那個……」黃金趕快還他，「我還沒有吃飽」，趕快走開了。

這也是我祖母當時教我的經驗。後來經歷多了，我深深地感覺到很多很多問題。現在你們喜歡玩鈔票、銀行、信用卡，什麼基金、股票、期貨，什麼亂七八糟的金融衍生產品，不要玩昏了頭，餓了肚子什麼都不靈了。好了，諸位先休息一下。

第二堂／內容提要

財富從哪裡來
清末民初的貨幣戰爭
張恨水的文章
抗戰與抗戰後的金融
到了臺灣
朝不保夕與白色恐怖
分稅制、黃金、計口授糧
治理通貨膨脹
絕利一源　用師十倍
合作社、搭會、信用

剛才給大家報告我所經過的這些故事，推翻滿清以後到民國初期，我們政局非常混亂。開始時是南北戰爭，天天在打仗，軍閥爭地盤，各省的所謂軍閥，很多是留學日本回來的。南北戰爭這個階段，所謂國民黨、共產黨是比較合作的，不過共產黨這時候還是小黨。我們講歷史，研究金融經濟特別要注意，這個時候靠借外債的。譬如張作霖在東北，靠日本的外債，那時各省都靠外債。

我常常提醒大家注意，研究經濟，我說中國人寫書啊，不大管經濟的，尤其你們諸位看武俠小說，看到那些俠客上館子，隨便到哪裡都是紅燒蹄子啊！燒鴨子啊！好像中國菜就是這幾樣。其實各地有各地的菜，他寫不出來。我說只有還珠樓主寫得出來，譬如他的《蜀山劍俠傳》，各地有各地的菜。不過，你看這些俠客們上來，館子裡吃了一大堆，好像不要買單的，站起來就走了。

中國人不大談經濟的，很多書沒有講他的錢從哪裡來？譬如愛情小說裡頭，只有愛情，好像不需要吃飯的，肚子餓了，也就沒得愛情了。再如我們看《三國演義》，研究歷史問題，經濟問題，我常常問同學們，劉關張在河北結拜，「桃園三結義」起來打天下，錢哪裡來？打一把刀，鑄一把寶劍也要錢啊！買一匹馬更貴，錢哪裡來？大家沒有研究。曹操起來的經費哪裡來的？曹操起來的經費是靠他的家族，夏侯家族。那麼，江東孫權的錢從哪裡來？靠安徽人出錢，江南人出錢，最大的財富支持者是魯肅。

再比如，你們現在喜歡看美國歐洲的電影，只看到人家怎麼奢侈地生活，心裡羨慕得不得了，刺激了無限的欲望。可是電影裡有沒有說，他那個錢怎麼賺來的？沒有。也不是你們想的那麼單純。全世界的財富在支持幾個發達國家，人類這個經濟和社會發展模式，不曉得是好是壞，將來會走向哪裡。

大家研究中國的經濟發展、金融制度，必須要注意南北戰爭那一段。到抗戰以前，國家有那麼多的內戰，按現在的理論，戰爭是最好的消費，消費刺激生產嘛。我們國內的南北戰爭，一二十年下來，幫忙了誰？幫忙了日本、美國、德國、義大利、法國、英國、蘇聯等等，他們的軍火生意特別好，賺了很多錢。戰爭是消耗最大的，就是所謂消費刺激生產，這是各國要挑起戰爭的目的之一。

北洋軍閥這個階段，我是直接經歷的。到了民國十五年，開始北伐了，當時國民黨並沒有統一中國哦！國民黨跟共產黨聯合起來開始北伐，軍費哪裡來？買槍要錢，戰場上打一發子彈就是消費，也是錢，這個錢從哪裡來？國民黨靠什麼？靠江浙集團來。當時，孫中山先生在廣東，有一個人叛變了，陳炯明，為什麼叛變？背後是為了爭這個經濟，為了錢，利益問題，國民黨當時沒有錢。後來有蘇聯人支持國民黨軍火，但是蘇聯人想控制國民黨，藉以控制中國。那麼，蔣介石很快疏遠了蘇聯。後來國共分裂，共產黨說了一句話：「什麼叫革命啊？三句話，革命是廣東人出錢，湖南人拚命，浙江人作官」。這個話就把國民黨瓦解了。

那麼這個時候有沒有正式銀行？有。譬如上海，當時就有很多銀行，中國人辦的，其他地方也有很多銀行，從票號、當鋪演變來的。其中有一些是買辦辦出來的，比如席正甫就是滙豐銀行的買辦，他的子孫很多做銀行的，有的參與大清銀行，他的曾孫做過中央銀行的業務局長。

那時候，上海的銀行分很多幫派，比如：鎮揚幫的中南銀行（史量才、胡筆江）、金城銀行（周作民）、鹽業銀行（張鎮芳、任鳳苞）、大陸銀行（談荔蓀）、上海商業儲蓄銀行（陳光甫）、寧波幫的浙江實業銀行（李銘）、浙江興業銀行（徐新六，當時號稱銀行家聖人）、四明銀行（原始股東虞洽卿，後併入浙江興業銀行）、中國通商銀行（官商合營，最先商方投資人盛宣懷，後杜月笙、錢新之都作過董事長）。

其他比較有名氣的，如：中國實業銀行（劉晦之）、川康銀行（劉航琛）、四川美豐銀行（康心如）等等。所謂「中中交農」，中國銀行，中央銀行，交通銀行，農民銀行，都是民國初期到抗戰前這個階段創辦的。

但是外國銀行在上海開辦得更早，最早的是十九世紀中期，英國的麗如銀行（又稱東方銀行）在上海開辦，在中國發行鈔票流通，大發其財。跟著，匯豐銀行、德華銀行、花旗銀行等十多家外國銀行也來了。還有美豐銀行、震義銀行等十幾家中外合資銀行。這些外國銀行、合資銀行，都在中國發行鈔票，在中國到處流通，中國的財富這樣被騙走了很多。

大家講到國家歷史的演變，說到國民黨，把罪過都歸到蔣介石身上，講他到上海就清黨。實際上，背後真的內容是銀行戰爭。你要研究滿清末期以來的歷史，必須要研究上海銀行發展的歷史。每個銀行各有各的立場，這裡頭歷史的故事很多，關聯政治的演變。譬如說有名的，辦《申報》的史量才，當時被國民黨暗殺了，表面上看起來是政治意識的鬥爭，實際上是金融問題，銀行彼此要爭權。

至於國民黨說北伐成功，假使我來說歷史的話，他並沒有統一，打到南京就結束了。後來靠張學良東北易幟，所謂的東北義勇軍投降過來，所以全國統一了。真統一了嗎？每一省的軍閥還是各據一方，這個在抗戰以前哦！山西的閻錫山，廣東的李宗仁、白崇禧，雲南的龍雲。四川的軍閥幾十個，西川、東川一百多個縣，大家各占幾個縣的地盤。當時的四川分川東、川西。《三國演義》大家都看過吧，劉備跟諸葛亮在西川。重慶這一帶叫東川，劉備諸葛亮的政治力量還控制不到。東川當時是什麼？道家的天下，宗教的統治，東川張魯，張天師的後代，他實行宗教性的社會主義的統治，比人民公社還要澈底。

我是抗戰時到四川，路上看到沿途躺下來餓死的人，像杜甫的詩一樣，朱門酒肉臭，路有餓死骨。有權力、富有的家庭及軍閥們，吃得很好，同我們現在大家請客一樣，一桌一萬啊，幾千啊，很浪費！餓死在路上有幾千人。我走了一個多鐘頭以後，我眼睛閉上不忍看。四川的軍閥把中華民國一百年的稅都收完了。可是四川還蠻富有的，這是個經濟問題了，怎麼來的？財富從哪裡來的？四川沒有靠外援，沒有靠別的東西。

再比如成都，從前到現在，老百姓收入並不多，生活卻很安逸，很舒服。你再看看其他地方，比較比較。這個道理很值得研究，裡面有重要的政治經濟社會哲學了。錢跟生活的關係，錢跟幸福的關係，怎麼樣使大眾的生活安定，怎麼樣節約資源，很多問題，而且是世界性的共同課題。

我現在是講故事，你們聽故事。我們一邊在抗戰，跟日本人打仗，一邊是民間的思想問題，當時許多知識分子對於國民政府的挖苦、批評，很多很多。有一位小說家，很有名，叫張恨水，你們在座也許有人看過他的書。他的名字你聽聽，中國有一句老話「恨鐵不成鋼」，他是恨水不成冰，叫張恨水。常常藉報紙批評政府，很幽默，不像現在人的謾罵。他經常寫文章發表，說自己做了什麼夢。那個時候，朋友對他講：老兄啊！國家到了這個時候，跟外國人在打仗，自己內部就少批評一點了吧，仗打完了再說。結果他不管。

他說有一天啊，夢到玉皇大帝召集開會（這個同銀行有一點關係了），開會的時候，關公去報到，到了南天門，四大天王擋駕，不准進來。

關公急了：國家到這個時候不得了了，財政也不得了，戰場也不得了，玉皇大帝叫我來開會，你不准？

四大天王就說了：玉皇大帝有規定，有這四件事的人不能進去。哪四件？酒、色、財、氣。這樣的人，不管你官多大，地位多高，不能進去。

關公說：我沒有啊！

四大天王：你怎麼沒有？

關公：我又不喝酒。

四大天王：你臉一天到晚紅的，不是喝酒又是為什麼呢？

關公：這是酒。色呢？我不好色啊！

四大天王：你過五關斬六將，為了送兩個嫂嫂，路上一起那麼久，誰知道啊！

關公：這是色。財呢？

四大天王：哦！你在曹操那裡，曹操給你上馬一盤金，下馬一盤銀，你不是貪財嗎？

關公：那氣呢？

四大天王：氣你更大了，你過五關斬六將，你關公一輩子殺了多少人？自己被呂蒙殺了以後，靈魂都在空中叫「還我頭來」，你這個脾氣多大啊！就不准進去！

關公一聽，站在那裡傻了。忽然看到一部車子從玉皇大帝的後門進去。哎呀！這是什麼人？這是袁世凱嘛！他怎麼有資格進來開這個會？

四大天王：耶！袁大頭誰不要啊？銀洋啊。

最後看到一個人來了，蔣介石。哦！那個威風！四大天王向他敬禮。

關公：他怎麼有資格進來啊？你剛才說我酒色財氣，他呢？

四大天王：全國煙酒公賣，可見他不好酒吧！色呢？老婆離了，討個宋美齡啊！還有離婚證書。財呢？用四大銀行「中中交農」印鈔票，給大家用的，他不好財。氣呢？哎呀，中國的江山丟了三分之二，他都不生氣啊！

這是張恨水的文章。

那個時候，除了「中中交農」四大銀行，四川還有川康銀行，創辦人劉航琛，北大畢業的，我們還是老朋友，他比我大一二十歲吧。後來他在臺灣，作過經濟部長。他是一個大孝子，我非常佩服他。其實國民政府、國民黨欠他的情，蔣介石、宋美齡欠他的情。他作經濟部長退休下來，自己還沒有飯吃，和一個老母親，一個未出嫁的姊姊，三個人在一起，外加一個老佣人。每天晚上母親睡不著，他從三層樓，穿個長袍，六十幾歲了，揹媽媽從三層樓這樣揹下來，到街上轉一圈，揹回去。可是他一個經濟部長退下來，手裡經常沒有錢的。這是講到川康銀行。當時在四川，還有山西人康心如開的四川美豐銀行，這些都是小銀行。

這些銀行當時同戰爭的關係，財富的融通究竟怎麼做，很值得研究。那麼「中中交農」這個財政，當時八年抗戰怎麼樣可以維持下來？這是宋子文的時代，後來叫做孔祥熙的時代。八年抗戰當中，國家的經濟，銀行的運作同財政金融的調派，當然遇到很多的問題，可是竟然熬過了八年這麼大一個戰爭，這是整個國家民族的戰爭，戰線拉得那麼長。這裡面值得研究。

好了，抗戰勝利以後，你們曉得了，接著是內戰的消耗，金融亂了，所有大小的銀行，金融一概都亂了，到了一九四八年，法幣被金圓券代替。金圓券這個階段，金融非常的混亂，銀行沒有辦法控制，我們因為時間的關係簡單的報告。我親自看到過這個銀行財政的變更。

一九四九年初，我到了南京。我反正是一輩子都站在邊緣，幾方面，國民黨也好，共產黨也好，各方面都是朋友。我到南京一看，我就笑了，大家請吃飯，我對這些黃埔的同學們講，我說不行啊，古人有一句詩「千里長江皆渡馬」，長江抗不住哦！馬上要過江了。他們就笑我，跟我講了很多笑話，他說你準備怎麼樣？我說，對不起，你們都吃葷的，我是吃素的，幾十年當中同你們沒有關係，只是朋友而已。所以我常常跟周公（皇甫平）兩個人講笑話，我一輩子對於各黨，都是一個立場「買票不進場」，這是我的做法，什麼時間我都有票，但是我不進場，一進場就完了。可是沒有票不行哦，你們在這裡開會，你們搞些什麼東西我看不見，我至少有票，只要門縫打開，就像你們正在這裡聽課，我看一看就走了。所以當時的情況，我是這樣看了很多。

好了，這一下很快，講到後來，大家就說，你看這個仗打下來，國民黨幾百萬大軍，與共產黨周旋了一二十年都沒有辦法，為什麼八個月當中一下敗了？我說，原因很多啦，現在是兩句話，等於一個人生病一樣，「病至如山倒，病去如抽絲」，一個人得病的時候，一下感冒了，如山一樣倒下來；那個兵敗也是如山倒，我們都親眼看到，可是我已經到了臺灣。

講一下臺灣的經驗，都是親眼看到的。臺灣這麼一個小島，很值得注意了，尤其你們搞金融、經濟的，很值得注意。這麼一個小島，一九四九年只有八九百萬人，包括我們大陸過去的一兩百萬人在內，到現在才二千二三百萬人。

那麼我呢，在一九四八年已經先去看過臺灣。我在那裡就很有意思了，開始住在基隆。因為我是浙江溫州這邊的人，有些溫州人跟臺灣有貨品貿易，都是海產的運輸，有船也帶著槍，他們曉得我在臺灣，都來找我來看看我，蠻好玩的。那時，我在那裡做生意了，那個時候臺灣沒有「公司」哦，只有一個臺灣銀行，叫「行」。臺灣一個省，實際上，我們黃埔同學們坐在一起講，什麼省啊！相當於四川的一個大縣而已。這麼一個縣，國民黨如果還搞不好，那實在是笑話了。

臺灣省是滿清後期設立的，甲午戰爭後割讓給日本，抗戰勝利時，國民政府把臺灣收回來，設立「臺灣省行政長官公署」，後來蔣介石退到臺灣。蔣先生是我的校長，我們作教官的，叫他老先生。老先生到臺灣以後不是蔣總統了，是國民黨的總裁。這一段歷史，臺灣就是一個省，農業、糧食，一切東西自給是不夠的，這麼一個時代我親自經歷過來。

那麼我在那裡，這些當年抗戰打游擊的來找我，尤其是在四川、西康、重慶那一帶的，因為抗戰八九年我都在這一帶，所以有很多朋友，這批人退下來都來找我。我那裡天天賓客滿堂，床底下都是人。我就一邊說笑一邊收留，沒有洗澡的，先去洗澡吃飯去。我就笑他們，兩句話：「敗兵之將不足以言勇，亡國大夫不足以圖存」，這個話只有我罵他們。我說大陸丟了同我沒有關係，你們丟的，我先在這裡等你們。可是在這個時候，他們看到我在做生意，他們地方不熟，路也不熟，帶來的錢都交給我管了。我說你們隨便跑來，我也不懂金融，搞這個幹什麼呢？他們說只有你可靠啊！放在你這裡。

那時，臺灣整個的局勢，一九四九以後的十幾年當中，所有人是什麼心情呢？研究臺灣經濟問題就要注意了。當時是四個字「朝不保夕」，早晨起來不曉得下午怎麼樣，共產黨大陸的部隊隨時可能過來，臺灣馬上就沒有了。共產黨當時批評臺灣說，沒有關係，這一批傢伙是官僚、地痞、流氓，還有貪官污吏，聚集在那裡，幾天就把他們消滅了。

事實上呢？臺灣什麼都沒有，真的很危險。可是呢，有一點，臺灣還有點恐怖，「白色的恐怖」非常嚴重。我後來講笑話，我說我的頭還能夠保住，沒有在臺灣被槍斃了，那講不出來道理了。當時要進來臺灣的時候，不管你是將軍還是什麼官，海關要保人，要入境證。正好碰到基隆海關的聯檢處，海關、警備司令、警察、憲兵一起，組織一個聯合檢查處，這個長官是黃埔軍校十四期的。他看到我也來了，說：「哦，教官你也在這裡！」所以很熟，然後他替我擔保的。所以我們同鄉想進來，沒有保證，沒有入境證，都攔在外面，在海上哦！那不得了。然後就問：你在臺灣認識什麼人啊？然後有人講我的名字。檢查人員說：「哦，那你先進去，他同意就保你上來。」最後變成我的圖章放在那裡，大概保了好幾百人，有些人我根本不認識，不知道。

有一天，我忽然想起來政府的法律，如果我保進來的人中，有一個共產黨員或者是連帶有關係的，我要連坐一起槍斃。哎唷！我忽然想到危險，你把圖章還給我，我保了多少人進來？他說三百多人。我說要命啊！所以我在臺灣，後來三十多年當中，隨時準備進去坐牢被槍斃，哈哈！保的是誰我也不知道，我常常做些莫名其妙的事。這個時候臺灣的政治經濟，就是這麼的危險。

接著，後來內地實行「分稅制」，其實分稅制的開始在臺灣。臺灣是個省，可是撤退過來是整個的國民政府，所謂國民大會也在臺灣。國民大會等於內地的人民代表大會，其實兩黨是一樣的，我說共產黨是弟弟，跟哥哥學的，所以這裡叫人民代表，國民黨那個叫國大代表，立法委員。國民黨的三民主義，五權憲法，行政、立法、司法照美國的制度分開的，再加上中國的文化，一個考試，一個監察，都在這裡。那麼，國民黨中央政府的錢、稅收從哪裡來？臺灣一省能夠負擔嗎？所以後來編了分稅制，省跟中央分稅，還是在這個地方抽。這個裡頭很巧妙，很有意思，我都親眼看到。

那麼，國民黨當時撤退的這一批黃金，中央的黃金儲備轉移到臺灣，其中的一位見證人，魏曾蔭老先生，現在還在蘇州，九十多歲了，他當年在中央銀行工作，奉命參與黃金押運到廈門，由別人再轉到臺灣。他兩兄弟都是搞銀行的，他的少爺就是魏承思。可是這一批黃金現在還擺在臺灣銀行，多少年都沒有動過。

當時臺灣很窮啊！尤其撤退下來一兩百萬人，張開嘴巴就要吃飯。當然，每個人身上都帶有一點東西，但誰也不肯拿出來貢獻給國家。我到臺灣的時候，看到每個老百姓樸實、節省、勤勞，買票一定排隊，很規矩。那個時候是「計口授糧」四個字，等於分糧票一樣，每個人能分多少，是這麼一個經濟。

我再舉個例子，這個時候省政府的財政廳長是任顯群，江蘇人，後來才有尹仲容，至於趙耀東，那是多年以後了。那麼，我當時在楊管北家裡上課，研究佛學，這個詳細不跟你們講了，聽課的老朋友很多，譬如說何應欽、顧祝同、蔣鼎文，都是上將，還有些文官武將都在旁邊聽課。我年紀算是輕的，作老師坐在上面。任顯群算是這些老長官的後輩，作財政廳長。他作財政廳長的時候，臺灣負債很重，沒有錢，大陸的黃金運來，放在臺灣銀行不動，蔣介石準備買武器反攻大陸的。所以任先生管這個財政很艱難。

有一天，我在上課，看到任顯群來見楊管北，他坐在邊上不動，臉黑黑的坐著，因為這些都是他的老前輩，老長官。我看到他，就告訴楊管北，你的結拜兄弟老七來了，找你有事，我暫時不講了。楊委員回頭一看：咦！你來幹什麼？任顯群就走到前面來，他說：六哥啊！我告訴你，今天來見你一下，明天或者後天我就坐牢去了，也許要槍斃。楊管北問，為什麼？他說，實在沒有辦法，臺灣這個局面我怎麼維持？你看這兩天的美鈔飛漲，很快的漲上來，我沒有來源，抵不住啊！抵不住，責任就在我身上，我準備坐牢，槍斃就槍斃！老頭子一問到我，我說沒有辦法，實在維持不下去，又無來源。這個時候美元外資都沒有，什麼都沒有。當時臺灣同香港、新加坡，只有船的來往，還沒有航空。那麼，楊管北有輪船公司，他說，真的這樣？你搞不下去了？美鈔壓制不住了？

當時，這幾個老前輩，何應欽這些，聽了都說：顯群啊！不行啊！這個你要想辦法。任顯群說：報告總長，我只有命一條，沒有什麼辦法，我不會變出錢來啊！一千多萬人口，連部隊，都要錢，美鈔這樣漲下去，這個怎麼辦？

楊委員（楊管北）說：這樣吧！你立刻回去向老先生報告，向陳誠報告，你說由我出來跟你聯手，把這個問題臨時解決，可是他們兩個要同意我隨便做什麼都可以。

任顯群一聽：六哥啊！你真肯幫我？

楊委員說：這不是幫你啊！我們一樣哦！一條船上的人，死一起死，活一起活。

最後怎麼辦呢？楊委員命令自己香港載貨的輪船，公開地買美鈔過來，那個時候還沒有電話，只有發電報到香港，三條輪船通通買美鈔過來，錢由他公司裡出，政府將來再還他。買了以後，任顯群怎麼辦？把行政幹部訓練班的學生找來。當時青年學生們到臺灣以後，叫做「流亡學生」，沒有書讀，為了他們辦了個班叫做「行政幹部訓練班」，後來變成中興大學。「行政幹部訓練班」畢業的，後來有人做到行政院長。當時，任顯群把這些學生找來，穿便衣上街去賣美金，比如說，美金九塊，這些學生講：我有，八塊半要不要？那個學生又來：我也有，八塊要不要？結果，三天，把通貨膨脹壓下去了。

由此我得了一個結論，搞財經、經濟，沒有流氓手段或者非常手段，不能應急的。不過這是在當時，不能常用，偶然用用救急。這是一次經驗。

後來，臺灣用統一發票，也是他開始的，任何小店，任何一個店做生意，都要開發票，有人盯在那裡。把這批流亡青年，培訓了六個月到一年，就出去管這個。每個店裡，每個工廠，都有人盯住，不開發票不行。統一發票現在還在使用。

然後他又做什麼呢？賣彩券，發行愛國獎券，五塊錢一張，中了特獎是二十萬，一個月開獎三次。那時，黃金只賣二百四十塊錢一兩。

用這樣幾個辦法湊攏來救急，把通貨膨脹壓下去，過了財經金融這一關。這個十幾年是很痛苦，臺灣經濟起來是後來的。

再岔過來講一個笑話，是真實的故事，給你們做參考。有一次，任顯群先生又跑來了，他說今天才有意思。

大家問，什麼意思啊？

任顯群說，我今天跟蔣老先生吵架了。

大家說：哦！這樣啊！很希奇，怎麼回事啊？

任顯群：老先生突然叫我去，一看到我，他臉發青說：「顯群，你該死！」（任顯群就站在那裡，他臉黑黑的，兩個腿立正都站不正的，羅圈腿。）我就說：「請問總統什麼事啊？」蔣先生說：「人家報告我，運過來臺灣的黃金，你給我用了一半，怪不得你做得那麼好！」我就說：「報告總統，黃金絲毫沒有動，放在臺灣銀行倉庫，不但沒有少一分一毫，我還給你增加了不少。現在我不走，你立刻派人去查。」這一下，老頭子愣一下：「啊！真的啊？」我說：「這個怎麼敢假呢？總統一聲令下，一顆子彈我就沒有命了，這不是開玩笑，我不走了，你們立刻派人去查」。

結果老頭子電話打過去，發現真的是這樣。這是財經金融的故事，也是經驗。

那麼，金融銀行究竟怎麼做，有個最重要的道理。我們學軍事出來，姜太公的兵書《陰符經》，上面講到一句話，「絕利一源，用師十倍」。譬如一個人，他耳朵聽不見，眼睛往往特別好；眼睛壞了的人，耳朵感覺特別靈敏。這是個巧妙應用的道理，政治、軍事、財經都用得到的。加上剛才我提到《鶡冠子》的兩句話，都可以幫助你們思考。

在我們撤到臺灣以前，中國各縣各鄉村都有合作社，這個合作社的組織方法，是社會主義的思想來的。當時中國也在流行很多思潮，等於所謂姓資的，姓社的，各種思想，這兩種制度在中國抗戰以前，乃至退到臺灣以前，都在流行。那麼，臺灣社會的經濟是什麼呢？也是合作社。

還有，老百姓用錢不是靠銀行，而是靠搭會的，也叫招會，是臺灣同福建、浙江溫州的風氣。這是鄰居親友互相幫忙的，也有利息，有風險防範，是民間發明的小額信貸制度，很有效，但也是靠信用的。不過信用空虛了，風險就來了。

我們先休息吃飯，晚上再繼續。請諸位注意我講的故事，通過這些故事，你可以應用起來，怎麼使金融財經走出一條路來，這是靠大家的思想了。好，謝謝各位，對不起，耽誤大家。

第三堂

／內容提要

對不起哦，耽誤大家遠道而來，我亂七八糟的講些話。剛才吃飯以前，我給大家報告，我是講故事，八九十年來親身所見，親耳所聞，同我都有關聯的，也是簡單地向大家報告，關於財經跟銀行的關係。

剛才我為什麼講到臺灣呢？是提醒大家注意一個問題，一個政治、經濟、哲學的問題。老子說過，最容易治理的是小國寡民。臺灣小小的，本地人加上我們大陸過去的，也不到一千萬人，現在不過兩千多萬人，屬於小國寡民。

所以我剛才也講到，我們到了臺灣，一班黃埔同學在那裡說笑話，也是說真的，但是初到臺灣講這個話都是要殺頭的。可是我們大家坐在我家裡公開講：「校長要想反攻大陸，休想！」這是黃埔八期的一個同學蕭天石說的，他後來寫文章，搞出版社。我說，天石啊，不好意思，不要亂講！他說這個時候還想幹什麼呀？再搞軍統？在這個海島上還能反攻回去嗎？史無先例！他就講了中國歷史，外國歷史，你看拿破崙到海島，鄭成功在海島……我說，老兄啊，天下事有一個哲學的原則，政治也好，經濟也好，作人也罷，有一個原則，叫「無可奈何，只能如此！」他一聽，說你這樣講，我就不講話了。我說，人到某個時候無可奈何，只能如此，這是人生的一個原則。

所以說，小國寡民可以做個借鑒，但是不可以照搬。乃至你們今天研究世界上任何一個國家，歷史、地理、文化不同，可以研究借鑑，做個參考，不可以照搬。乃至每個人，都有自己的人生道路，不是重複的。中國自己有五千年歷史的經驗，大家都沒有好好研究參考。

話轉回來，為什麼臺灣後來變成「亞洲四小龍」之一，經濟這樣發展？我剛才報告的是初期的臺灣。我說臺灣能夠穩定財政金融的是任顯群，跟著下來的是尹仲容，後來是李國鼎，至於其他的再說了。我說他們都很有功勞，了不起！

臺灣當時的經濟，日本人留下來幾大公司，由民間接手辦，有電力公司，我們李傳洪同學，他父親就是電力公司大股東。然後是臺糖公司（糖業公司），農林公司，後來新辦了水泥公司。李傳洪就做過農林公司的總經理，不過他懶得作官。我就笑他喜歡玩錢不作官，作總經理一天也不去上班，隨便找個人去代理，自己玩了半年，我到美國他就跟我走了。

小國寡民，容易治理，應該做得好。所以我說國民黨蔣先生，小國寡民如果都治不好，一個縣那麼大都治不好，還來談什麼政治？結果是搞得蠻好。

但是我們注意啊，中國是大國，十三億人口！老子有一句話，是政治哲學，「治大國若烹小鮮」。千萬要注意！治理大國家就像煮菜一樣，小鮮，小魚小蝦，不是大魚大肉，不是紅燒的。比如太湖出銀魚，很細的一條，小小的，不需要紅燒，也不能猛火，要文火慢慢蒸煮的，不然就爛了，這是原則。所以老子告訴我們政治哲學、經濟哲學，同一個道理，「治大國若烹小鮮」！

關於政治問題、經濟問題，我常常當著外國朋友講，我說你們同我們文化不同。尤其同美國人講，你不過兩三百年的歷史，我說你不要談了，講文化思想，你跟我們做徒孫都不夠。講科技嘛，我說馬馬虎虎還可以，臨時拜你做師傅。

中國幾千年來的文化，注重政治為主，經濟是輔助的，為什麼？認為政治安好，天下就安定，經濟自然就好。西方的文化，文藝復興以後到現在，我們現在走的這條路線，認為經濟治好了，政治就好了，這是根本錯誤的！我是頑固的死讀中國書的人，所以講到經濟、貨幣、金融，讓大家注意自己的文化。譬如〈食貨志〉，所有的資料都在《古今圖書集成》裡頭，都給你集中了。

那麼，很多理論，我現在沒時間給大家講，大家路遠還要回去的。現在只講到，臺灣當年又怕大陸打過來，又怕窮。誰幫忙了？毛先生，毛澤東老兄幫忙。他搞什麼大躍進，人民公社，最後搞到文化大革命；臺灣則開展大赦，這樣給臺灣留下來這個安定的空間。

我們讀歷史有一個原則，讀歷史你們千萬注意，比如在臺灣的國民黨，乃至蔣先生父子，古人有兩句話：「雖曰人事，豈非天命哉！」雖然講政治，一切勝敗是人事，「豈非天命哉！」有一個不可知的力量，運氣！歷史上，尤其你看司馬遷寫的《史記》，各方面政治安定與否，當然靠人事的努力，另外加上國家民族有他的運氣。

當年，我在臺灣國民黨的中央黨部講課，為什麼講呢？這個時候大陸正在批孔批林，國民黨的中央黨部叫我去講，《論語別裁》就是這樣開始講的。我說批孔沒有用的，批不了的，孔子是打不倒的。後來我就講過中華民族的命運，一九八四年（甲子年）以後轉運了。他們問我，當場有個中央委員站起來問：「南老師，你說轉運了？」我說：「轉運了！」他馬上問：「有多少年？」我說：「兩百年的大運，將來比康乾盛世還好！」他說：「你打保票嗎？」我說：「我再講一句話，不是打保票，是根據歷史的經驗啊！」

我怕話拉長了，趕緊轉回來，講臺灣的故事。在那個階段，怕大陸共產黨打過來，臺灣自己又那麼窮，什麼都沒有，就是剛才講到任顯群這個階段。漸漸地，開展了「克難運動」。這個時候，你想從大陸撤退來臺的兵，都是十幾歲當兵抗戰的，退到臺灣去，住到什麼地方？哪裡有房子！都是自己想辦法搭出來的，一家一家的，都是竹籬笆一隔就是一戶了。中間的故事太多了，這是克難運動，克服困難，那時經濟是這樣。

後來慢慢的，就提倡「客廳就是工廠」，提倡每個人在家裡，婦女老幼一起做手工業，客廳即是工廠！

那麼，國民黨的政治，孫中山先生講三民主義，什麼叫「民生主義」？你翻開孫中山先生的三民主義看，民生主義就是共產主義，換句話說，共產主義就是民生主義。所以臺灣開始推行了「耕者有其田」，土地政策澈底改變。大陸是共產黨一聲命令，統統收回公有。

幾千年的土地政策，你說他是公有嗎？私有的。你說他是私有嗎？公有的。這裡頭有很要緊的政治問題，同你們搞經濟銀行的，有絕對的關係。

臺灣土地收回公有，是錢買來的。那麼當時督辦這個事情的是陳誠，他是當時臺灣的行政負責人。他跟我有先後同學的關係，他是軍人。陳誠當年也是威風很大的。土地收回國有，使耕者有其田，非常難！這有中國幾千年的習慣。然後就拿錢買，大家不要怕，你有多少土地，我們拿錢買，拿什麼錢來買？股票！就是剛才談的電力公司，糖業公司，農林公司……好多股票。結果當時的地主豪門非常反對。我們就笑。因為陳誠是我們同學，跟我們有些玩笑話，他叫我「南和尚」，曉得我信佛嘛！他聽了反對聲音後說：「你們不要怕，南和尚只要不講話就可以了。」有時候我是批評他的，這次我說我很贊成他。

到了最後，土地公有，重新分配，大家不贊成。結果他把所有的地主財閥找來，開一個大會。他是「東南長官」，先前叫做東南長官，後來變副總統。他穿軍服來開會，開始沒有說話，一切陣勢都擺好，最後他說，三天以後，就開始實行，土地收回重新分配，你們同意也好，不同意也好，就是那麼辦！我是拿錢來跟你們換的，再不同意……我是軍人，大家罵我軍閥，搞慣了，你們都知道！然後他站起來就走。當天夜裡，這些地主啊，很有權力的那些地主逃了，逃去日本等等。

土地收歸公有，同現在有關係了，土地跟金融綁在一起的，你研究中國歷史就知道。我說，我一本講孟子的書中間停掉了，為什麼不講？人家問我，土地究竟國有公有好？還是民有私有好？講不清楚的。我們中國上古周朝以前，叫「封建」。大家把後來幾千年也叫做「封建」，那是不讀書不讀歷史，把歷史觀念搞錯了！我們中國的周朝，是封建八百年的政權，姬家的。這個時候所謂的「井田制」，是土地公有，這個土地公有，在上古是一千多年了，這個階段叫「封建」。

土地私有是什麼人開始的呢？從齊桓公這裡，管仲開始的。後來真正開始是秦國，叫秦孝公，秦始皇的上輩，開始商鞅變法。你們應該知道這個歷史，土地變成私有，這是春秋戰國時期，然後就是四五百年的秦漢時期。

你讀歷史，就看到土地公有制變成私有制，是這樣困難。所以這個歷史哲學很難講通，究竟公好，還是私好？講不清楚。由此就講到中國的儒家，中國儒家講到，這都是人性的問題，天下絕對為公，不可能，任何人都做不到的。因為天下絕對為公就無我，沒有這個人。天下絕對為私，也做不到，誰也不幹，自古完全管自己不管他人，也不可能。所以儒家呢，就是中庸之道，公裡頭保持一部分的自私，私裡頭要大部分變成公，這是大哲學的問題。

所以到了漢朝王莽篡位，王莽想把私有制變成公有制，結果失敗了。我說讀歷史很難讀透，讀中國歷史，失敗了以後，歷史的結論只有四個字「民曰不便」。這是個大政治哲學，變革常常因為「民曰不便」而失敗。習慣了私有，一下變公有了，老百姓反對，反對的原因是不方便。所以王莽要變公有制做不到。然後過了一千多年，到宋朝王安石變法，也想走公有制，王安石也失敗了。這一次，中國共產黨絕對推行土地公有，臺灣也是先做到了公有，再行分配，兩個方式不同。

土地公有，今天為什麼提這個東西呢？因為金融銀行現在跟土地已經綁在一起了。

我說臺灣當時那麼窮，後來靠大陸幫忙，第一個機會，靠韓戰起來。有趣的是，韓戰一打，打完了，我們大陸毛先生先提出來，在三十八度線可以交換俘虜兵，美國也同意了。最後呢，有一部分，戰場上被俘的一萬多人，美國不同意交換，最後決定送到臺灣，都是共產黨兵。那麼這些人很好玩了，等到後來改革開放以後，這些人慢慢在臺灣習慣了自由思想，也有家眷了，在臺灣每個月有薪水，退下來還有退休金。好啦，大陸那邊還有太太，結果回來探親。可是在大陸這邊，韓戰退役下來的兵，有些還很窮苦的。而作為臺胞回來的那些大陸參加過韓戰的兵，統戰部還請客，接受招待了。中國人經常搞些莫名其妙的事情，兩個兄弟吵架，搞些很奇怪的事。我是簡單的講，中間的笑話其實特別多。所以我常感慨我們自己國家。

臺灣就是這樣慢慢因韓戰起來了，我們人力便宜，外國人，日本人、美國人都來投資了，做工廠，利用我們人力，所以臺灣變成「四小龍」，一下就發了起來。

發起來以後，因為有些土地分配給自耕農了，那些拿到土地的人，慢慢因土地使用改變，就到處蓋房子，到處建設。本來十塊錢的土地價錢，一下變成幾百萬，幾千萬，同現在情況一樣。這個問題要特別特別注意！我簡單幾句話帶過去，但是這對研究經濟、研究金融的發展，很有「意思」。不是

「很有意思」，那是客氣話，這是個大問題！因為中間牽涉的內容太多了。

我在臺灣三十六年，最後我也要離開臺灣了。一九四九年，我到臺灣之前，在南京跟同學們碰在一起談話，有人問「你決定走啊？」我說決定走，不過啊，天下是你們的事，我不管，我反正當個世外閒人就好了。到了臺灣，我說我決不出國，可是三十六年後，我出國了。為什麼出國呢？有原因的。我感覺到逼不得已，非離開不可。大家問我你為什麼走？我自己吹牛，我說「盛名之下不可久居」，因為我在那裡，海陸空三軍總司令多半都是我的學生，文官政治大部分人也是來聽課的，而且在海陸空部隊輪流演講。這個事情人家以為很光榮，很舒服，我卻很害怕，因為「盛名之下不可久居」，遭人忌。所以我在臺灣教大學的時候，在大學研究所帶博士生碩士生，我從來上課不點名的，來了就講，講完了就走。我說現在教育沒有尊師重道，我是出賣知識，跟你們交換一下，你們是顧客，變成了商業行為，所以顧客至上，沒有尊師重道了。我用不著向你們點名，你們將來哪一位作了總統，我一定離開這裡，不然就不好辦了。這個老師喜歡罵人的，看到了罵你一頓我一頓的，這不行啦！所以離開了臺灣。

那麼，我們在臺灣，看到這個時候銀行的發展。除了臺灣銀行以外，華南銀行，第一銀行，彰化銀行，都是臺灣方面起來辦的。還有一個最重要的，信用合作社。我在前面跟你們提過，這個是社會主義的產品，在大陸時當年就實行的。我現在常常告訴地方的首長們，我說你們怎麼不把農村的信用合作社連起來？連起來自己經濟自由的活動，你不要靠銀行，靠外面去借錢，也不要靠外援，中國人有這個經驗的，研究起來內容就很多了。臺灣當年用信用合作社，貢獻很大，但是後來沒有控制好風險，出了大事，也是一個教訓。

那麼我們在臺灣用的銀行，就同大陸當時的銀行不同了，很自由。可是，臺灣這個時候金融發展，整個社會支票滿天飛，很多支票在銀行不能兌現。結果呢，臺灣成立一個特別的法《票據法》，用了好幾年，很多朋友因這個法而坐牢。假使你開一千塊的支票，今天兌現，三點半以前支票來兌現了，可是你只有八九百塊，也算犯法，沒有信用，就送去坐牢了。這樣坐牢的很多很多。這個票據法，當時在臺灣銀行界叫做「惡法」。

我有好幾個朋友因此都坐了牢，有一個朋友學問很好，名人，他開了個小公司，結果犯了票據法。你如果犯了票據法，後來補錢都沒有辦法，一定嚴厲的執行，除非抓不到你，但是要通緝，要東躲西藏。這個朋友也犯了票據法，我說老兄，你不要躲了，我給你薪水，等於我的職員，每個月給你家裡薪水照拿，你去坐牢去報到。他就聽我的話去報到了。

因為他一進了牢，我就去牢裡看他。我跟牢獄素來關係很密切，因為我常常去看人，牢獄看守對我好像很熟悉，聽到我一來開大門迎接。我每次到牢裡去都要賒本，一看碰到熟人，喲！你也在這裡呀！缺什麼東西嗎？還有好幾個醫生都在牢裡，我說你醫務所怎麼辦？「老師！」他說，「我在這裡碰到你很奇怪，我也是因為票據法進來的」。他醫學的技術很好，在監獄裡幫忙，藥不夠，碰到我來了，就訴苦了。那個典獄長（牢頭）就看我，我說好吧，我回去給你捐一批藥來。然後我說我要去看一下女監，典獄長跟我說，老師啊，女監你就不必去了。我說，哎，你有什麼祕密啊？女監裡頭有什麼不能告人的事？她說不是這樣，老師你誤會了！好好好，我帶你去。我進去一看，一百多個很漂亮的太太坐在裡面，還有幾個抱小孩子的。我說怎麼那麼多女犯人呀？他們犯了什麼？他說百分之九十是犯票據法，丈夫做生意開了公司，太太掛名董事長，票據不兌現，太太就進來了，還有帶孩子坐牢的。

這是臺灣監管銀行的票據法，後來作廢了。這是順便講到這裡告訴大家，同你們貴會有關係。算不定你們將來玩出來這個，這個不要玩啊，玩得沒有道理。

臺灣的銀行用得很靈活。我很遺憾，我們這裡搞銀行的，沒有到臺灣真實地研究過，看過經驗教訓。這不算學習，你說派人來學習，完了！最好是悄悄地知道了，臺灣香港銀行的做法，外國的做法，弄通了，然後根據中國自己的情況，研究自己的辦法，不要生搬硬套。

再講我到了美國。我這個人啊，很好玩的，不喜歡穿西裝，尤其出國我更要穿這個衣服（長袍），我小的時候讀書就這樣穿的，穿了幾十年。我可憐中國人自己沒有一套衣服，革命一百年了，自己一套衣服沒有，一個國家民族四個字：「文物衣冠」，自己都沒有！

我到美國去的時候，帶了十幾箱的行李，兩大箱都是中成藥，臺灣做的科學中藥，用最先進的技術提煉出來，不用煎的，很方便，很有效，可惜大陸現在還沒有。跟我出去的同學們也有十幾個人，在外國看不起病喔，貴得很，所以我就帶了兩箱中成藥。中成藥是不能進美國海關的，而且我們從三藩市入關，這是美國海關最討厭最難進的地方。

我們推著行李車快到那個進口時，海關有個小狗出來，一個黑人帶了小狗檢查毒品。我那個藥就堆在行李的第三第四層的，那個小狗就爬上去在那裡轉，這下嚴重了。那個海關的回頭看我，我也不動聲色地看著他微笑，我等他來問我。這樣轉了半天，好像是李傳洪還是什麼人站在旁邊。大家人都快走完了，我說你們都進去了我再來。海關的人過來問那個黑人，他看我那個樣子站著，只笑不動，穿個長袍拿個手棍，裝那個死相。他說他是誰呀？傳洪他們就講，你們不知道，這是中國現代的孔子啊，你們國務院請他來講學的，他賣面子才過來啊！他們說，哦，這樣的啊！這個行李……我告訴他們說，你告訴他，這兩箱裡頭是中國藥，可帶，就進去，不可帶，就放在海關，我回去的時候在海關拿回去，帶走。他去講了，海關人看看我：「請吧！」一十二箱行李一起過，不檢查，就靠長袍手棍的力量。

我到每一個地方就說，試試這個社會、國家。所以到美國銀行，一下我就發現不同。我原來在中國搞慣了，「中中交農」這些小銀行，很多都是熟人朋友，我看美國銀行大概有許多比較大一點的，還是國立的吧，不是統統私人辦的。結果我們一去存款發現了，哎呀，不能存多了，美國這些銀行是私立的，每一家都可能會倒。銀行萬一倒了，不管你存多少，就算你存一百萬美金，最後只賠你十萬。好，我說那我們不能存多了，分開，結果這裡二十萬，那裡三十萬，此其一。

第二，像我們在臺灣去銀行領款，一百萬兩百萬，拿個報紙一包，夾了就走。有一天，我跟李素美去美國銀行，真的需要現金十萬塊，這我們在臺灣搞慣了的，十萬塊在觀念裡頭，雖然是美金，但覺得很少。現在要領現金十萬塊，完了！櫃檯上十幾個人，男男女女都站起來，說你需要那麼多？我們說：是呀。現金嗎？是。哦？請坐。泡咖啡來，坐在那裡搞了半天，他們進去商量。美國的銀行、外國的銀行，拿現金很困難，幾百塊千把塊還可以，已經很大了，再不要說十萬塊，這使他們為難了。總算是在那裡，咖啡啊喝得差不多了，我說這一下我總算看到美國的銀行了。

然後，出來了兩個小姐，請我們到地下室，她們坐下來點鈔票。好了，十萬塊美金，我們在臺灣兩手一翻嘩啦嘩啦，一下就數完了。他們不，一，二，……（一張一張數），把我們急的呀！李素美講，小姐呀，你不要這樣數，我數給你看！然後她們看了，喲！很佩服。數完了，那位小姐說不行，你還是拿給我，又開始一張張數。哎呀！好痛苦！

等到十萬塊錢拿到了，我們站起來，我還是穿長袍，李素美很馬虎的，匆匆忙忙的，兩隻鞋子不一樣，襪子一樣，這很失禮的，她也不管。這個銀行的人跟出來了，問我們要不要派兩個警員保鏢？我說為什麼？她們說這個很危險的呀！在美國的確很危險。你們怎麼走啊？我們說，我們車子在這裡，上車就走，我們在臺灣弄慣了的。她們說這個太可怕了！我說這個不用你負責，你現金已經交到了，我們把錢往車子上一丟，上車就走了。這是說美國銀行。

後來我們到法國，中間經過都不講了。我講這些故事給你們做參考。後來到法國更麻煩了！到里昂銀行去開戶頭，銀行職員問「你存多少？」我告訴李素美，少一點，少一點，外國人眼孔淺，存個二十萬美金，試他一下。結果那個手續好麻煩，外國人開戶頭，還要通過很多的關係，才能夠進去。我問，你們法國人錢都存銀行的嗎？「存啊！」存多少？「最多五千，幾百就夠了」，我說法國人每個人只有這點錢啊？「不是呀，錢很多」，存哪裡？「存外國銀行，存比利時銀行，荷蘭銀行，在本國銀行都存的很少」。一聽有數了，本國稅務關係，你銀行戶頭錢多了要加稅的。稅務跟銀行又一層關係在裡面。

結果我們在法國開的銀行戶頭，後來還被人家盜用。我們過了一兩年，回到香港才知道，法國銀行通知我們錢用完了。咦？沒有呀！結果還委託法國的什麼人請律師打官司，打了兩三年才找回來。所以外國銀行很多很多零碎啊！這些是我向你們諸位銀行家，講親身經歷的故事。都要親自去看的。你們組團出去考察，人家給你考察的都是表面，我們民間親自用過的才真正知道。

上面講的是銀行。到了美國，大家要去看看賭場。我帶了他們，李傳洪啊，李素美啊，沙彌啊，到了大西洋賭城。你們看到一本小說叫《飄》，講美國南北戰爭的時候，一個女的一個男的，在這個時候做生意，發現一個原則：生意是什麼時候做？一個國家動亂戰爭的時候，是最好的商機。或者是仗打完了，社會變亂完了，安定的時候也是一個商機。現在是安定中間，幾乎很少有生意的機會了。小說中那個地方，就在大西洋賭城那一帶。

我們到了賭城，李傳洪愛玩，他在賭城裡頭開了戶頭是我的名字，結果我成了賭場裡的大賭客。他先在櫃檯上付了一百萬美金，放在這裡賭的，這個變成大客戶了！其實我不會賭，跟他們在那裡玩了三天，每次平局。為什麼去大西洋賭城那個地區呢？考察這個地方南北戰爭的關係，觀察這個歷史的關係。

我剛才跟你們諸位聲明過，我是講故事給你們聽，這個銀行，來不及講了，我拚命在濃縮我親身幾十年的經歷。好了，大家要不要休息呀？（不要！）可以嗎？很累哦！我們再講下去，我怕給他下課鈴聲一打搞斷了。

我是一九八五年到美國，一九八七年耶誕節之後不久回到香港。我叫它「耶誕節」，中國人跟著叫耶穌是聖人，我說我只能叫它耶誕節，我們孔子是聖人，釋迦牟尼佛也是聖人，耶穌是不是，我不知道啊。

我一到香港，第一天才到，北京已經有人來等我了。喲！我說老兄，你們的情報真靈光呀！他說等你三天了！我說真了不起，情報很好！他說你一切的行蹤我們都知道。我說我知道，你們果然不錯，不是吃乾飯的！因為都是老朋友，我問他來幹什麼？他說為了臺灣問題，我說那同我不相干。結果他們硬是請我把兩岸牽起來和談。後來有了共識。這裡面故事很多了，沒有時間講。

跟著下來，溫州方面我家鄉的市長來了，他說要我做金溫鐵路，浙江溫州到金華這一條，連接浙贛路，連接到上海的鐵路。我說，一百年了，由孫中山起沒有修好，毛主席修過，因為蘇聯斷交關係沒有修好，鄧小平接上沒有修，李鵬也接上沒有修，你跑來要我去？我說我沒有錢啊！他說不要緊。我說你什麼意思？他說只要你牽個頭，就會做成了。我說真的嗎？但是我真的不想做。後來，我說一百年了，你們做不好，我做給你看吧！就開始投資鐵路，這條鐵路六年內完成了。可是現在，鐵路在哪裡，車站在哪裡，一概不知道，我也不管，就是為老百姓造了條路。造好了，還路於民。假使我去坐火車，照樣是要排隊買票。

為什麼講起造鐵路這個階段呢？一九八九年，北京鬧事的時候，北京老朋友打電話問我「你看怎麼樣？」我就告訴他，老兄，沒有事！「啊，真的啊？」絕對三個月以後一點事沒有！「那你回來的計劃呢？」我說照舊不變！我定的政策是不變，造鐵路，該投資就投資。

做鐵路當然要投資啊，這是第一次試驗內地的銀行，我叫李素美李總經理先匯一百萬美金過去。結果匯進來一個月了，不曉得錢在哪裡！浙江方面說他們戶頭上沒有錢，結果東查西查，錢還在北京的中國銀行，然後北京又轉到浙江中國銀行，浙江中國銀行又轉到哪裡，然後又到溫州。喲！我說中國這個叫銀行啊？然後我說再試，私人匯了五萬塊，或者一萬塊美金什麼的。結果手續非常難辦。而且領出來呢，只准領一萬兩萬人民幣。這是中國銀行，你們現在怎麼樣我不知道，當時是那個樣子。

每一個銀行，從國民黨起，銀行本身就有監察人的，現在你們有了銀監會，唔！這個更奇怪了！對不起啊，不是批評你們，是講真話。所以陳峰打電話給我說，銀監會這位主席要我講，我想三四十個人吧，因為一個銀行兩個監察委員嘛。喲！現在銀監會全國兩萬多人，這是個什麼體制呀？然後我一算，假使再加上全國的銀行職員，在中國搞銀行的，起碼十幾萬人！這個體制，白銀都給他摸黑了。所以我剛才首先提出來：「絕利一源，用師十倍」。

其實中國到了現在，真懂銀行的人有多少呢？本來沒有建立適合自己的體制。我看了美國的銀行，法國的銀行，日本銀行也試過，其他國家還沒有去，這些不是沒有問題，但是比起中國的銀行，經驗多很多。現在我們的銀行不是銀行，好像是個官僚機構。

對不起，你們要不要休息呀？因為我怕你們路遠，所以趕緊補充幾點，講完了大家可以回去睡覺。對不起啊！

那麼現在，我縮小範圍講，勸大家讀書，這是勸銀行界朋友們個人修養的。我剛才都是講真話，還不算真的批評。要我批評起來，這些經驗很多很多。

我以前常常笑，我在上海國家會計學院上課也講，我們對銀行的人，搞經濟的人，乃至會計、會計師，是一個什麼看法，算是對他一生的結論？比如看到一個同學畢業了，問他找到什麼工作？老師啊，我進銀行。我說恭喜呀，那是個鐵飯碗，我說你不要隨便辭職啊。老師這是什麼意思啊？我說一個人要上吊了，掛在大樹上才吊得死，你不要去民間小公司做個小職員，掛小樹上吊也吊不死，樹也斷了！在銀行啊、政府機構啊，做公務員千萬不要離開，掛在大樹吊一輩子舒服得很，下半輩子邋鞦韆！但是我說做銀行，搞會計的是什麼呢？一輩子只有幾句話，「圈子是愈畫愈多」，地位高一點，數位的圈圈越多。「車子愈坐愈新」，地位高了，「房子愈住愈大，個性愈來愈渺小」。可是為了職業問題，那真是一個鐵飯碗。

我現在是心裡很急，給大家濃縮，怕耽誤時間，諸位還要回到上海，太對不起了。

你們諸位做銀行業的，要學一個人的境界，宋代的朱敦儒。因為你們一講銀行界的，我就想到中國文學。一講文學，我有一句話：文化的基礎在文學，文學的基礎在詩詞。

中國的哲學，中國的政治，中國的經濟，都在這個裡頭，中國人的文化是文哲不分，文化跟哲學不能分開，根本沒有單獨的哲學，不像西方人單獨的分科。中國的文人，文章詩詞裡頭太多的哲學了，文哲不分。同時，文史不分，一個哲學家應該懂歷史，歷史跟哲學、文學，三位一體，不分家的。再一個，文政不分，一個大政治家，又是哲學家、文學家。這是中國文化的特點。

講到個人修養，我看你們在這個好位子上，我勸大家拿空餘的時間多讀書，研究一下中國的問題，對中國未來做些什麼貢獻。不然的話，大家八個鐘頭上班，應酬兩餐，吃飯喝酒，去了四個鐘頭，然後簽簽到，看看報，抽抽煙，聊聊天，完了。這樣浪費一生！看到也在辦公，實際非常糟蹋自己！不如多讀書。我老一輩子的銀行界的朋友，會作詩的蠻多的，我手邊沒有帶，只好抽古人的，北宋朱敦儒的詞。

我們看第一首，詞牌是「鷓鴣天」：

我是清都山水郎　天教嬾慢帶疏狂
曾批給露支風敕　累奏留雲借月章
詩萬首　酒千觴　幾曾著眼看侯王
玉樓金闕慵歸去　且插梅花醉洛陽

這首詞他在西都作的，當時的「西都」就是洛陽。「我是清都山水郎」，「清都」，是天帝的宮殿，他說自己是為天帝管理山水的。這是比方，他是進士出身，作過大官的，這句表達他雖然作官，但是淡泊塵世，喜歡自然。「天教嬾慢帶疏狂」，很有氣派，沒把榮華富貴放在心上。他不是作不到官，故作狂態喔。「曾批給露支風敕」，這是說什麼？露、風是幫忙草木莊稼生長的，代表他行使作官的職權，需要風的地方給風，需要雨的給雨。「累奏留雲借月章」，常常上奏章，報告這個錢該發不該發，怎麼調配周轉。「留雲」，報告玉皇大帝，現在的情況，需要把雲停住了，不可以動。「借月」，有時候需要把月亮移過來。

「詩萬首，酒千觴」，他學問很好，也很豪邁。「幾曾著眼看侯王」，因為自己是才子出身，官也作得大，可是沒有把榮華富貴放在心上。「玉樓金闕慵歸去，且插梅花醉洛陽」，這句講他很瀟灑。

我勸你們諸位，有空多研究文學，對於人生，精神上舒服一點，免得天天跟圈圈打交道。說到天天跟圈圈打交道，也有個故事。我們小的時候，有些人出來外面做事，文盲，不會寫信的，到街上去找那個擺攤子的代書寫家信。結果那個代書也騙人。太太收到信打開一看，一張紙上都是圈圈，太太當然很著急，拿到街上請代書給看看。那個人說，這封信寫的很好啊！「怎麼好？」他說信的意思是：大圈圈是我，小圈圈是你，還有那數不盡的相思，一路相思圈到底！

我們再看第二首，詞牌是「西江月」：

世事短如春夢　人情薄似秋雲
不須計較苦勞心　萬事原來有命
幸遇三杯酒好　況逢一朵花新
片時歡笑且相親　明日陰晴未定

「世事短如春夢，人情薄似秋雲。不須計較苦勞心，萬事原來有命」，他把人生哲學看通了，這個不要解釋了。古人讀詩讀詞不是這樣讀，我們讀書的時候是要唱出來讀的，唱崑曲，唱京戲一樣唸。「幸遇三杯酒好，況逢一朵花新。片時歡笑且相親，明日陰晴未定」，人生境界如此，你說明年，後天，究竟人生怎麼樣？誰也沒有把握，明日陰晴未定！

第三首，也是「西江月」的詞牌：

日日深杯酒滿　朝朝小圃花開
自歌自舞自開懷　且喜無拘無礙
青史幾番春夢　紅塵多少奇才
不須計較更安排　領取而今現在

「日日深杯酒滿，朝朝小圃花開。自歌自舞自開懷，且喜無拘無礙」，講他享受恬淡自然，自娛自樂，乃至不作官的時候，退下來，享受人生這個境界。「青史幾番春夢」，歷史上每一朝，每一個人生，做一場夢一樣。「紅塵多少奇才」，這個世界上能幹的人很多啊。「不須計較更安排，領取而今現在」，他說你擔心什麼呀，世界上人才很多，自己退下來蠻好，什麼成敗得失，功名富貴，是非榮辱，都是春夢一場，當下就可以放下煩惱，豁達自在。

這個隨便給你們做個參考，好玩的。最好多讀書，把文學心情配搭人生，你們做銀行工作太苦了，太悶了，這樣來輕鬆一點。

哦，還有一首「念奴嬌」：

老來可喜，是歷遍人間，諳知物外；看透虛空，將恨海愁山，一時挼碎。

免被花迷，不為酒困，到處惺惺地，飽來覓睡，睡起逢場作戲。

休說古往今來，乃翁心裡，沒許多般事。也不修仙，不佞佛，不學棲棲孔子。懶共賢爭，從教他笑，如此只如此。雜劇打了，戲衫脫與獃底。

他最後退下來了，不作官了。你看這首詞的最後一行「如此只如此」，人生到了某一個景況，這樣只好這樣了！「雜劇打了，戲衫脫與獃底」，他不作官了，等於是你們銀行總經理也不做了，這齣戲我唱完了，把唱戲穿的這個袍子留下來，給後面這個傻瓜去穿，我不幹了。「雜劇打了」，我這個戲演完了，辭職了。「戲衫」，就是戲服。「獃底」，那個傻瓜，這是開玩笑的話，把唱戲的衣服留給後面的傢伙去穿吧。

本來這次給你們準備蠻多的，因為時間關係，來不及講。剛才我給你們講，我離開臺灣到美國，也去到大西洋賭城看過的，有兩首詩是那個時候的感慨。我離開臺灣已經很感慨了，由大陸到臺灣，由臺灣又到美國……

第一首詩，題目叫「首途赴美」：

不是乘風歸去也　只緣避跡出鄉邦
江山故國情無限　始信尼山輸楚狂

我這個題目就有問題，心裡很不願意離開自己的國家，大陸和臺灣，當然是自己的國家，結果自己到外國去，心裡不甘願，但是只好去了。「不是乘風歸去也，只緣避跡出鄉邦」，我在臺灣不能留，再留下來文的武的都變成我的朋友了，我又不想組黨，又不想拉幫，也不想結派，何必在這裡？所以走了，只緣避跡出鄉邦。「江山故國情無限」，離開自己的國家土地，心裡頭不是味道。「始信尼山輸楚狂」，尼山是孔子，楚狂是道家的，裝瘋賣傻的一個楚國狂人陸接輿，他罵孔子，你這樣幹什麼啊？這個時代實在救不起來，你趕快不要搞了！我說這個時候離開自己的國家，走了，我才澈底相信孔子不如這個楚國的狂人。

第二首，「道出大西洋賭城」：

風雲催客出三臺　策杖閒觀舊戰嵬
何必賭城始論賭　人生都是賭輸來

「風雲催客出三臺」，臺北臺中臺南是三臺，我離開臺灣了。「策杖閒觀舊戰蒐」，現在來看南北戰爭的那個要點地方，就在大西洋賭城那裡。下面兩句話，請大家注意！「何必賭城始論賭」，人生何必到賭城才談賭呢？「人生都是賭輸來」，我們作人就輸了！最好不要來作人，既然投胎來作人，這一輩子已經輸掉了！呵呵！何必賭城始論賭，人生都是賭輸來！

所以今天下午到現在，我說你們來，其實你們諸位跟我來賭的，我輸了，你們更輸了！呵呵！那麼遠跑來，聽我亂講。

我想為了時間的關係，你們還要動身，要緊的話，許多想講的話，準備的資料也蠻多，都來不及講了，大概向大家作個報告，你們那麼遠來，非常對不起啊！我講的話同你們的本行銀行經濟沒有多大聯繫。但也有關係，只勸你們多讀書，為我們中國人，真正建立一個中國文化的利民富國的金融體制，現在還沒有。怎麼想辦法去研究建立，而且要簡化，要輕便，千萬不要一張一張鈔票那麼數，放了五塊美金只能拿五塊人民幣出來，這樣的事不能幹。

還有，現在銀行的職員，尤其是櫃檯上的，我看那個緊張的態度是非常難看。我以前就講，一個銀行，一個郵政局，櫃檯上的那個面孔，最好帶一點笑容，女的不要帶個晚娘（繼母）的面孔，男的好像帶個討債的面孔，很不應該。

好吧，今天很對不起啊！簡單明瞭講講。

（大家起立敬謝。課程結束）

漫談中國文化：企管、國學、金融

建議售價・320元

講　　述・南懷瑾
出版發行・南懷瑾文化事業有限公司
網址：www.nhjce.com
代理經銷・白象文化事業有限公司
412台中市大里區科技路1號8樓之2（台中軟體園區）
出版專線：（04）2496-5995　傳真：（04）2496-9901
401台中市東區和平街228巷44號（經銷部）
購書專線：（04）2220-8589　傳真：（04）2220-8505
印　　刷・基盛印刷工場
版　　次・2016年10月初版一刷
2022年3月初版二刷

設計編印 白象文化
www.ElephantWhite.com.tw
press.store@msa.hinet.net
總監：張輝潭　專案主編：吳適意

國家圖書館出版品預行編目資料

漫談中國文化：企管、國學、金融／南懷瑾講述．--
初版．一臺北市：南懷瑾文化，2016.10
面：　公分.
ISBN 978-986-91347-9-8（平裝）
1.言論集
078　　104016538